太宰・安吾に檀・三島

シドクII

関谷一郎

鼎書房

太宰・安吾に檀・三島　シドクⅡ

目次

《前書き》

生涯最後の本

私にとって三冊目の、生涯最後の論文集である。

五年ほど前に東京学芸大学を定年退職した際、ありがちな記念出版の論文集が脳裏をよぎらなかったわけではない。しかし果たして自他ともにとって出すに値するものがまとめられるか、といういつもの問いが思い浮かんだ末に見送ることとなった。生涯で最後の著書となるべきものなので、ことに自分なりに納得できるものでなくてはならなかったからである。太宰治や井伏鱒二については書きたいことは尽くしたと思う一方、当時は坂口安吾に対する不可解さに答えが出しえないままだったこともあり、時期尚早と判断するほかなかったしだい。

さりとてその後の五年間、自分の安吾研究が進んだわけでもなく、太宰や井伏の論のように己れ独自のカラーが出せないまま、時間ばかり経っていくのが現状である。恥ずかしながらこの後にも安吾論に新たな展開ができそうもないまま、早くも古稀を迎えて心身の衰えを認めざるをえない。加速度的に進行するモノ忘れが何より心配だ。人名、特にカタカナ名がすぐには思い浮かばず、情けない思いにひたることが多くなっている。（しかしペンは握っても、車のハンドルは握らないのでご安心！）

もちろん今後も安吾を中心に研究を続けていく所存ではあるものの、論文を書く以前に厖大な安吾全集を読んでいく楽しみに止どまりそうである。というのも、日本近代文学に限らず論じるよりも単純に読むだけ、という関心の方がむやみと強まっているからだ。大好きな音楽や美術に関するものはしばらくおくとしても、日本の古典文学や世界の著名な作品を読めないまま死ぬのはもったいない、という思いである。在職中から買い溜めた雑書が放つ魅力に抗しがたい現状、一字一句を丁寧に読みがちな私には速読ができないので、残された人生の時間を考えると焦るばかりだ。

他方では、安吾を始めとして今さら自分の研究が進展する余地があるとも思えない。注文に応じながらも書きたいものに限り、それを書きたいようにその場限りに論じてきただけなので、他人でも使える方法(道具)が内包された研究でもない。作家や作品について《調べる》でもなく、ひたすら《読む》ことに徹してきただけだからである。マルクシズム、フロイディズム、フェミニズム、ジェンダー論、カルチュラル・スタディーズなど、学部生の頃から周囲に流行していた同調圧力には自然体で抗し続け、他人のフンドシで相撲をとる(論文を書く)のが恥ずかしく、苦手だったのだ。

ただし一つだけ明かしておけば、前著『シドク　漱石から太宰まで』(洋々社、一九九六)所収の「和解」論には山口昌男・河合隼雄両氏の読書(というよりテレビ番組)から得た知見を意識して取り入れた自覚はある。私小説として読まれてきた「和解」を、記号論的な《読み》によって換骨奪胎した際に、お二人の考え方が役立ったのは確かだ。この「和解」論が広く話題になった時に、「あなたまでテクスト論ですか？」という反響もあったが、当人は蓮實重彦氏の漱石論には刺激を受けたものの、テクスト論一般に引き込まれたわけではなかった。ロラン・バルトは読まなくても、蓮實氏の情熱的な啓蒙活動によって「作者の死」は知らぬ間に私にも刷り込まれていただけの話だ。周囲に活発だった「テクスト論は是か非か？」などという愚かしい議論は、愚かな人間に任せて書きたいことを書いてきただけである。

職業的な事情を付しておけば、文学部ではなくて教育学部だけで三十数年間勤めてきたので、十年ももたずに変遷に明け暮れるそのつどの新しい理論を追っていては、教科書の作品を対象にして教材研究に没頭する学生たちに、有効な助言を与えることなどできないのだ。生徒向けの授業を課せられる学生たちに、テクストを文化や歴史・政治（権力構造）などに置き換える理論を伝えてもいたずらに混乱させるだけだからだ。

教材研究にとっては、昔ながらの作家研究も最近のカルチュラル・スタディーズも役立たないものの、「作者の死」やナラタージュ（物語）理論は有効ではある。その点では前掲の『シドク』の方針であった、望遠鏡（諸理論）ではなく顕微鏡でテクストを分析するという姿勢を継続しているつもりである。テクストの外側の歴史や政治・文化にばかり目を向けて「作品離れ」をするのではなく、テクストを読むこと自体の楽しさを本書で改めて伝えたい一心、ひたすらな思いだ。

を尽くしている。

「シドク」とは?

「シドク」の意味するところは恐るべき後生の一人、安藤宏氏の書評の方が私自身の説明よりも意を尽くしている。

〈頭の中のポシビリティ（可能性）だけを無責任に言いつのる〉たぐいの〈恣読〉を排し、あくまでも〈作品の言葉から読みとれるプロバビリティ（蓋然性）に基づいた〉〈試読〉を提示してゆくべきこと（一四頁）、なおかつ〈区別が付かないことと、区別を付けないこととは自ずから異なる〉（一五頁）という信念のもと、あえて〈私読〉の批判を恐れず、批評的な分析にまで立ち入ってゆくべきこと。本書のねらいはまず何よりもこうした点に置かれているようだ。その意味でも、題名や帯のコピー、あるいは一見挑発的な「まえがき」の文体とは裏腹に、読み手は何よりも、あるべき「作品論」に関する篤実な提案をこそ本書から受け取るべきであろう。

（『解釈と鑑賞』一九九七・九）

安藤氏の諸論文と同様、意を尽くした行文で付すべき言葉もない。もともとは故・饗庭孝男さんたちの同人誌『現代文学』に連載させてもらった「試読・私読・恣読」シリーズに由来する「シドク」ではあるものの、一部では普通名詞のように使われて卒論の題名にもなったと聞き、冷汗の出る思いであった。しかしひと頃の「こころ」や「春琴抄」についての論のように、恣意的な読みが無批判にタレ流される時代が再来しないとも限らない。本書がそうした〈恣読〉の流行から《作品を守る》防波堤になることを願ってやまない。改めて「シドク」と題した意図もそこにある。

題名以外に安藤氏が例示している「帯のコピー」とは《糸井、まいったか！》であり、最初の書『小林秀雄への試み〈関係〉の飢えをめぐって』（洋々社、一九九四）の帯にも《お代は読んでのお帰りに》という文言が含まれていた。これらの言葉には達成感やテレのみならず、《挑発的な「まえがき」》に展開したように、紙資源のムダとしか思えない書籍の出版に対する警告も含めたつもりである。うかつに退職記念本を出せなかったゆえんでもある。

ただこうしたコピーの文言に対しては、私の生涯で唯一オヤジという意識で接していた（口ウルサイが逆らえない）故・小池正胤先生のように、《あなたは立派な本を出しながら、ふざけた帯を付けているのがいけない》というお叱りも受けている。本書の帯を見たら、またオヤジから三度目の叱声が聞こえてきそうだけれど、《研究者の自己閉塞》を破りたい意図はくり返し強調しておきたい。

ごく限られた読者しか期待できないまま、図書館に死蔵されるだけの研究書を出版するのは極力避けるべきだろう。今さらながら思い出されるのは、岩波書店の『文学』の編集を長いこと担当していた星野紘一郎氏の大改革である。一九八〇年代までの半世紀以上にわたって小冊子だった『文学』を手に取ってもらえれば分かるとおり、まさに《研究者の自己閉塞》で専門家（古典文学の専攻が多い）

が専門的なテーマで論じた論文が並んでいて、岩波の権威をありがたがる読者以外の広がりが思い浮かばない。これをその後の《開かれた雑誌》に変革する考えをうかがった時には、まさに吾が意を得た喜び・爽快感を覚えたものであった。

幸い日本の近代文学の研究書は、他の分野に比較すれば一般読者に向かっていくぶんは開かれているだろう。前著の『シドク』も少なからぬ読者に届いた手応えを得て「望外の喜び」を味わったものであるが、本書はそれ以上に《開かれた書》になっているつもりでいる。太宰や安吾などの一般の読者に、作品を作家の痕跡として読むのではなく、テクストそのものを読む喜び、テクストの《細部を読む》楽しさを共有してもらえれば嬉しいかぎりだ。

退職が見え始めた頃に書いた論考について、私が最初に指導した宇都宮大学院生だった津久井秀一さんから、《最近書くものは研究というより、批評とかエッセイみたいですネ》と言われて気付かされたことがあった。「批評」を意識したつもりは皆無ながら、無意識のうちに想定する読者が専門家の枠から外へ広がっている、と自覚させられた思いであった。《研究者の自己閉塞》に対する批判が、自身に刺さっていたということだろう。「批評・エッセイ」が読んで面白いものを意味するとすれば、一般の読者が読んでも楽しめる研究論文こそが私の目指すところである。

〈間〉の領域

面白さに通じるかもしれない本書の特徴として、もう一人の恐るべき後生である山﨑正純氏の指摘が想起される。『小林秀雄への試み』の書評（『日本近代文学』一九九五・五）の中で、収録されている「二つの実朝像——小林秀雄と太宰治」について次のように語ってくれている。

二つの異質を比較することによって見えてくる両者の〈間〉の領域の魅力のようなものが漠然と感じられたように思い、（略）それ以後この一本の論考から受けた刺激の言わば持続力は半端ではなく、（略）変化の相においてものを見るというダイナミックな視点が、論者の足許を如何に危うくするかという痛い教訓と併せて、〈転位の様相〉を見事に炙り出していく関谷氏が、凡そ〈間〉と呼び得る態の不可視の領分を語るに傑出した名手であることを知らされたのであった。

太宰にも小林にも詳しい山﨑氏から、本人が気づくことのできない論の特徴を「知らされ」て驚いたものである。一個体内の時間的な〈間〉ではなく、二個体間の〈間〉の問題にスライドさせれば、本書でも太宰と志賀を比較したり、安吾を太宰や鷗外と対照させたりしているところに、山﨑氏の言う〈間〉に対する関心が現れているように思えて納得させられる。表題には現れていないものの、本書の「檀一雄の文学」でも三島由紀夫との異同に触れている。あるいは本書には収められなかったけれど、「〈殉教〉と〈転向〉『沈黙』と『李陵』」（『現代文学史研究』二〇〇九・一二）でも、転向と非転向との〈間〉で苦悩する李陵や司馬遷を「炙り出し」ている。むろんプルタークの「対比列伝（英雄伝）」のひそみにならったはずもないけれど、改めてこの未読の古典を蔵書から取り出してみたりした。

《開かれた書》

一般の読者にも《開かれた書》でありたいとは思うものの、売れれば好いというつもりは毛頭ない。何ごとも《量より質》を絶対の信条に生きてきた私としては、レベルを下げて読者を広げるという魂胆などありえない。作品から作家の実生活を読みとったり、ストーリーだけを楽しんでいる読者に、テクストの《細部を読む》喜びを味わってもらいたいばかりだ。NHKのEテレ「100分de名著」のMC・伊集院光さんの理解の速さと深さにはいつも感心させられているけれど（留年したために同級生になった内田樹も、出演した時に賛嘆していた）、私が勝手に思い描く理想的な読者像が伊集院さんだ。

別の具体例を出せば、熱狂的な太宰ファンでもある又吉直樹さんである。子供の頃からお笑い好きな私としては、シュールなコントを面白がっていたピースを最近見ることができなくなったのは残念であるものの、テレビで又吉さんの太宰熱を聞くたびに、この人はテクストの《細部を読む》楽しさを理解しているものと察している。日本の作家の中でも有数の文章家であり、並ぶ者のない〈女語り〉に典型される優れた〈文体〉の持ち主である太宰作品から、作家の告白だけを読んだり、ストーリーだけを楽しんで足れりとするのはもったいない限りだ。

太宰の文章や表現に着目する又吉さんは、スキャンダラスな物語内容から太宰を認めなかった昔の批評家・研究者の頑迷さをしなやかに超えている。かいなでの太宰ファンに止どまらない又吉さんは、作家の実生活ではなくテクスト自体の面白さに注目し・評価しているからだ。一時代前に盛んだった漱石研究が停滞している状況ながら、太宰研究は次々と新しい研究者が輩出して盛んである。それを下支えしている安藤宏氏や山﨑正純氏の専門的な鋭さが売りの論文ならともかくも、話題を広げながら分かりやすく書いているつもりの私の太宰論なら十分伝わる気がしている。伊集院さんや又吉さんに届けることができるなら、拙著をお贈りしたいくらいの思いでいる。

〈文体〉を味わう

最初の『小林秀雄への試み』を出版した時、畏れ多くも当の小林秀雄や師匠の三好行雄の〈文体〉を引き合いに評価してくれた方々がいた。もったいない話ではあったけれど、対照していただければ分かるとおり、私の屈折した行文は二人の大文章家とはまったく異質であり、歴史に残るお二人の〈文体〉に及ぶべくもない。しかし次著『シドク』に対する反響の中で、故・松本武夫氏が「シドク」に「詩読」という字を当てて〈文体〉を評価してくれたのは、井伏研究の一支柱であった氏が、収録されていた井伏論を褒めてくれた以上に嬉しかったものである。小林秀雄の拙著の帯に推薦文を寄せていただいた饗庭孝男さんも、及びがたい〈文体〉の人であった。恐るべき後生のみならず、良き師・先輩たちに恵まれた私の人生もまんざらではない。

音楽家は同じ楽譜というテクストから、様々な異なった演奏を生み出して私たちを楽しませてくれている。例えば同じベートーベンのシンフォニーでも、往年のフルトヴェングラーの重厚な演奏と、現在N響の常任指揮者であるパーヴォ・ヤルヴィのアップテンポで新鮮な演奏は、まるで違っていながらそれぞれが素晴らしい。テクストを読み解くのは頭の中でのインプットであり、その解釈したところを表現するのがアウトプットだと単純化すれば、言葉の芸術である文学について「私読」を提出するには、論の言語表現にも意を尽くさねばならないと考えている。本書も作品の概略やルビを付すなど読みやすくするとともに、文章の一言半句の推敲にも少なからぬ時間を割いた。研究者からは邪道だと批判も出るやもしれぬものの、文章を読む喜びを知る人なら楽しんでくれるものと信じている。

何はともあれ私の意図ばかり読んでもらっていても始まらぬ、具体例としてお好みの論からお読みいただくのが一番。本書の「如是我聞」論の副題を引けば、「開かれてあることの〈恍惚と不安〉」を抱きつつ、『シドクⅡ』を世に問うしだいである。さらなる楽しみを求める方々には、前著の『シドク』にさかのぼってお読みいただければ幸いである。

付記　原則として作品の発表年月は当時の時代がイメージしやすい元号で、著書や論文が発表された雑誌のそれは西暦年を用いたが、月日など細かい情報はできるだけ省いて見やすくした（大正元年は大1と記号化した）。雑誌名は新字体に統一して略称を用いた。

引用は全集など依るべきものを利用したが、若書きの再録である「金閣寺」論は当時の文庫からのままである。省略は（略）で表したが、「……」は原文のままである。最近「欧米か？」と疑われる省略記号として「……」を使用する愚鈍な傾向が目立つが、原文なのか省略なのか混乱の元なのですぐに止めるべきだ。

太宰治

太宰文学の特質——志賀文学との異同を中心に

はじめに

表題がいかにも風呂敷の広げすぎという印象で、吾ながら羞いを覚えないわけではない。これまでのように個別の作品という枠内で論じようとしているわけではないので、大仰でもやはり「太宰文学」（と「志賀文学」）と振らざるをえない。旧著[1]で小林秀雄を論じた際に、作品という枠を取り外し、小林が発表したもの全体を一つのテクストとして様々な切り口で読んでみたのだが、その手口の再現である。これまで少なからぬ太宰作品を論じてきたが、時おり一作品に閉じて考えても解けない問いが残され、それらをまとめて考えてみたいというのが論のモチーフである。もとより太宰作品を網羅的に読み込んできたわけではないので、時期尚早は自覚の上でそしりは甘んじて受けるものの、さりとて放っておけば怠惰な身にその時が来るとも思えない。

太宰文学の特質を基本的なところから捉えようというのだから、やはり他の作家の特質と対照するとその差異を明確にしやすかろう。ここでは太宰文学に因縁浅からぬ、志賀直哉の文学との異同を中心に考えて行きたい。その死によって中断された太宰のエッセイ「如是我聞」（昭23）を取り上げ、志賀の文学世界が〈自己完結〉的に閉じていて時には〈自己閉塞〉に陥ることもあり、それに比べると太宰の文学世界は無防備なまでに「開かれてある」と論じたことがある（本書収録論文）。その際、両者の違いを必要以上に強調しすぎた憾みが残り、多少の修正を施してこの間の宿題から解放されたい、というのも本論のモチーフに含まれている。

漱石文学の変遷

作家の変容を考える場合、今さらめくが漱石の行程をモデルとして意識しておくと論の展開が簡明になると考える。少々迂路になるが、太宰（と志賀）文学を視野に置きながら、周知の作品を例示しつつ漱石文学の変化をたどることにする。[2] キーワードとしては、広く先行論を引きつげるように単純化し、〈同一化〉（共感・自己同化）と〈他者〉（不可解なもの）とを対義的に使いながら、主人公・他の人物・語り手・作者・作家のそれぞれ相互の関係を追っていきたい（「作者」は個別の作品を書いた人、「作家」は全作品を書いた人を指す）。

登場人物レベル（作品世界）で言えば、「吾輩は猫である」（明38〜39）「坊つちやん」（明39）から「道草」（大4）「明暗」（大5）の世界への変貌は、〈他者〉の不在から〈他者〉による相対化への変化であり、言葉を換えれば否応なく不可解な存在に出会っていく過程である。「坊つちやん」の善悪二元論の単純明快で絶対的な世界観は一時的な夢として退けられ、不可解な「帽子を被らない男」との出会いから始まり、健三自らが他者（妻）にとって「何だかちつとも分かりやしない」存在に化しつつ、「世の中に片付くなんてものは殆どありやしない」という相対世界を痛感して終る物語へと様変りしていく（「道草」）。健三とお住との間には、もはや「門」（明43）の宗助・御米夫婦がかもし出す〈同一化〉は失われている。〈同一化〉をさかのぼれば、坊ちゃんと女中の清との間に母子関係のように理想的な形で形象化されていたものであり、意気投合という形で坊ちゃんと山嵐との間にも成立していたものでもある。

こうした観点から読めば、故郷という〈同一化〉の世界から〈他者〉に充ちた東京に出てきた三四郎にとって、冒頭部の汽車の女をはじめとして女性なるものは不可解さを伴って現れてきたのだった。美彌子も〈他者〉として現れ、〈他者〉として去って行ったことになる。三四郎を完全に「謎」（不可解）のただ中に放置して去って行った美彌子に対し、三四郎は果たせなかった夢を呼び戻すかのように「ストレイシイプ」という呪文をくり返すほかない。

男にとって不可解な存在としての女をたどれば、「行人」（大1～2）の直子を通って「明暗」の清子に至る。「明暗」の津田は己れを裏切って他の男と結婚して去った清子に、人が〈他者〉に化する機縁を問いたださずにはいられぬまま伊豆まで追って行く。津田の自覚としては《未だ嘗てあの女を貰はうとは思つてゐなかつた》（「明暗」二）新妻の延子は、従妹に向かって《「たゞ自分で斯《か》うと思ひ込んだ人を愛するのよ。さうして是非其人に自分を愛させるのよ」》（同・七二）と熱弁を振るう女である。夫の側は妻に対して〈同一化〉を意識したことがないにもかかわらず、妻の方はそれを信じている（正確には信じようとする）という行き違いは「明暗」のどの人物にも感受でき、〈同一化〉が断たれた作品世界の風通しをよくしている。「吾輩は猫である」の閉塞した書斎には感じられなかった風であり、現実世界の感触のようなものが伝わってくるようだ。「明暗」以前の日本の小説には見られなかった特徴と言ってよかろう。

　登場人物達が相対化し合うこの息苦しくなるまでの作品世界においては、中心人物のように見える津田も相対化から免れない。周り中〈他者〉に囲まれていると思わざるをえなくなった津田ではあるが、その契機が〈同一化〉し合えたものと信じていた清子の裏切りだったわけである。苦しんだのは津田を始めとする登場人物に止まらず、苦悩はまた作者のものでもあった。「明暗」は、漱石が日本文学を貫く〈同一化〉の遺伝子（日本的心性）との闘いに無理を続けたものの、中途で果ててしまった記念碑に違いない。一人称の語りから脱することができなかった太宰には、「明暗」のような小説は不可能だった。事情は「僕」という一人称に膠着し、「僕」と鼠の共振から始まった村上春樹の文学にも通じているように思える。

　漱石の行程は小説の創作として入りやすい一人称語りから始まり、「明暗」によってバター臭い「焦点化ゼロ」[3]の方法の獲得を目指したものであったというのが通説であろう。この道は登場人物から言っても描写（語り）の方法から言っても、〈一元的〉なものから〈多元的〉なものに向かうものである。世界は善悪二元論の透過的なものから、不可解・不透明な〈他者〉が遍在するものへと変貌していく。志賀直哉は言うまでもなく、漱石のような冒険とは無縁の創作を続けて終っている。太宰治はその志賀を強く意識し続けながらも、時おり〈同一化〉の世界を破ろうと試みた、という見取り図を持って論を進めたい。

両様の〈自己完結〉

死に対しても自己を開いてしまった晩年の太宰にとって、焼け跡を走る電車内の衰弱した浮浪児を撥ねのける志賀のふてぶてしさは（「灰色の月」昭21）、及びがたいものとして憧憬と反発の入り組んだ対象だった。「如是我聞」で過剰なまでに志賀批判に徹した太宰の心底には、一方的に敬愛の念を寄せていた志賀直哉から、自作「犯人」（昭21）を酷評された痛恨の痛みがわだかまっていたのは否みがたい。愛憎反転する強さで非難したほどかつては傾倒し、志賀文学の影を太宰が自作に刻み続けたのは、志賀の文学世界に強い親近感を抱いていたからだと考える。

志賀文学は〈他者〉を抹殺した世界だ、という見方がくり返されてきた。主人公の大きさに比べれば、他の人物は皆極小の存在でしかないというわけである。文字どおり殺人を素材にした作品を上げれば、「剃刀」（明43）の芳三郎は高熱のために自己制御が破綻して客の若者を殺し、「濁つた頭」（明43）の津田は妄想の果てにお夏を殺し、「祖母の為に」（明44）の「自分」は祖母の生死を左右するという関係妄想が進行して葬儀屋を想像の中で殺し、「クローディアスの日記」（大1）のクローディアスは精神のバランスを失したままもう一人のハムレット（自己閉塞）に変貌してハムレットその人の暗殺を企てるに至る。小林秀雄が「病的神経を扱つた小説」（「志賀直哉」昭4）として引用している「児を盗む話」(大3)のように、殺す代わりに幼児を誘拐することもある。識域下で幼児を〈他者〉として迎え入れ、〈自己閉塞〉を破ろうとしたということであろう。

小林は「児を盗む話」をこの種の小説中「類型を見ない傑作」（同）と持ち上げているが、若年に「病的神経」に苦しんだ小林自身が特有の詭弁を弄《ろう》し、いやでも健康な志賀像を造型せずにはいられなかったためである。志賀の「病的神経」は「肉体」から遊離しようとするが、離れきれずに「肉体」に止まらざるをえぬまま「実生活」に映像を求めるのだという論法である。志賀直哉像を自己分裂と無縁な存在として美化しつつ、それに〈同一化〉することで己れの健康を回復して自己救済を図ったのである（前掲拙著）。同じ様相を示しているのが「富嶽百景」（昭14）であり、揺れ動く「私」を安定させるべく、動かぬ富士に種々な意味を託しながら〈同一化〉を志向することによって〈自己救済〉をもくろんでいる。末尾の遠景の富士山が《酸漿に似てゐた》は実景の描写でありつつ、「私」が様々な意味付けから解放されたことを示している。[4]

拙稿でも志賀テクストには〈等身大の他者〉が存在しない、という言い方をくり返してきたが、志賀の世界には主人公を相対化できる〈他者〉が現れないという意味である。しかしひるがえって太宰の文学世界には〈他者〉が存在するのか、と自問した時にポジティブな自答は下しにくい。太宰文学には太宰なりの〈自己完結〉の仕方があった、と考えるからである。

前述の「如是我聞」論でも論じたとおり、《あの人は、誰のものでもない。私のものだ。》（「駈込み訴へ」昭15）というユダの主張は、独占欲であっても愛ではない。ユダが愛していたのはあくまでもイエスに執着する己れ自身であり、ナルシシズムに囚われたユダはイエスを「隣人」として愛しているわけではない。ユダを典型とする太宰の〈弱者〉たちは、そろって志賀直哉的〈強者〉の反意語という見せかけでいながらも、彼ら自身の〈自己肯定〉の強さも隠しようがない。「如是我聞」と同じ頃でも、「斜陽」（昭22）のかず子の無自覚な〈自己肯定〉的な在り方は、意外に見落とされてきたようである。意識的に〈死〉に向かって〈自己閉塞〉していく直治の単純さは見やすいが、これと対照的なかず子の、〈生〉に向かって〈自己完結〉的に閉じようとする姿勢が、多少買いかぶって理解されてきたためである。

私には、はじめからあなたの人格とか責任とかをあてにする気持はありませんでした。私のひとすぢの恋の冒険の成就だけが問題でした。さうして、私のその思ひが完成せられて、もういまでは私の胸のうちは、森の中の沼のやうに静かでございます。

私は勝つたと思つてゐます。

マリヤが、たとひ夫の子ではない子を生んでも、マリアに輝く誇りがあつたら、それは聖母子になるのでございます。　（八）

旧来の道徳からの解放感に酔った勢いに乗り、上原や直治のようなインテリから吹き込まれた新時代の価値観に振り回されながら、猪突猛進しているのがかず子というヒロインの姿である。同意なしに己れの子供を生むと告げられる上原の思惑など、かず子の眼中にはない。デカダン気取りの甘ったれた上原も上原ならかず子もかず子という様で、それぞれ戦後の風俗としてはリアリティをもって写し出されているとも言える。かず子は読み手の支持は得られても、否定・批判の目にさらされることは不思議に少ないが、主人公や語り手に読者を〈同一化〉させる、太宰の巧妙な手口によるのであろう。また右の二人に加えて、母と直治との四人はすべて太宰の〈分身〉だと捉える批評もあるのは、それほどまでにこの四人が〈同一化〉を感じさせる、ということの証左だと言えよう。

〈同一化〉の連鎖

強者の〈自己完結〉に対する弱者の〈自己完結〉、志賀直哉と太宰治、両者の文学の差異と共通点は見やすいようで見えにくい。

裁判官は何かしれぬ興奮の自身に湧き上がるのを感じた。
彼は直ぐペンを取り上げた。そして其場で「無罪」と書いた。

（「范の犯罪」大2）

「私たちの知つてゐる葉ちやんは、とても素直で、よく気がきいて、あれでお酒さへ飲まなければ、いいえ、飲んでも、……神様みたいないい子でした。」

（「人間失格」昭23「あとがき」）

それぞれ范と葉蔵という主人公の生き方を他の登場人物が支持・肯定するという、（見方によれば共に白々しくも思える）手付きとしては同工である。主人公の生き方を相対化する視座が欠けている点では同列ではあるものの、その〈自己完結〉の様相は少々異なっている。片や若年のエネルギーに満ちている時期に〈自己貫徹〉の倫理を宣言したものであり、一方は死を待つばかりの晩年のものである。志賀テクストは生きていく上での拠り所をつかんだ范の手応えを裁判官が追認し、太宰のそれは〈恥の多い生涯〉を吐露した葉蔵の自覚を、バーのマダムが優しく救い・癒そうとしている。《「人非人でもいいぢやないの。私たちは、生きてゐさへすればいいのよ。」》（「ヴィヨンの妻」昭22）にも全く同じ響きを聞くことができよう。志賀の人物像が確信に満ちているとすれば、太宰の人物達は誰もが皆弁解めいた口ぶりで対照的である（念のために付しておけば、先述のかず子の場合の「確信」は開き直りによる自暴自棄にすぎないので、錯覚であるかぎり誰からも支持されないままいずれ破綻を迎えることになるのは明らか）。程度の差はあれ、裁判官が范に〈同一化〉してその生き方を肯定し、マダムが葉蔵を「神様」にまで高めつつ相対化されることを阻む無限包容的な姿勢は、他の人物による主人公への〈同一化〉として共通している。予断を含めて、主人公・他の人物・語り手・作者・作家という〈同一化〉の連鎖こそが、志賀文学と太宰文学との共通点だと言っておこう。これに反して、テクスト内に異和を呼び込んで〈同一化〉を破砕したのが坂口安吾である（本書の安吾論を参照）。

他者への〈同一化〉

右に上げた〈同一性〉の例が、他の人物から主人公に向かう方向のものだとすれば、主人公から他の人物や動物に対する〈同一化〉が読み取れるものが、例えば「城の崎にて」（大6）であり、「魚服記」（昭8）である。

> 忙しく〳〵働いてばかりゐた蜂が全く動く事がなくなつたのだから静かである。自分はその静かさに親しみを感じた。自分は「范の犯罪」といふ短篇小説をその少し前に書いた。范といふ支那人が過去の出来事だつた結婚前の妻と自分の友達だつた男との関係に対する嫉妬から、そして自身の生理的圧迫もそれに助長し、その妻を殺す事を書いた。それは范の気持を主にして書いたが、然し今は范の妻の気持を主にし、仕舞に殺されて墓の下にゐる、その静かさを自分は書きたいと思つた。
>
> （「城の崎にて」）

「范の犯罪」の裁判官のように、〈他者〉と化した妻を死に至らしめる范の側にくみするのではなく、「城の崎にて」の「自分」は殺された妻の側に自己同化したい気分でいる。この心の傾きは死んだ蜂や首に魚串を刺し貫かれたネズミに、そして偶然殺してしまったイモリに過剰なまでに寄り添って〈同一化〉している「自分」の在り方と地続きである。虚構の人物でありながらも范の妻に、そして小動物達に対して、生死の境を越え、あるいは人間と動物との境界を踏み越えて自己同化している、そこに〈同一化〉の拡がりを見ることができよう。

意外(?)なことに、太宰治にも人間以外の動物に自己同化する作品が散見する。初期のものでは「魚服記」の世界が、民話的なテクストにありがちなとおり、動物と人間の境界が取り払われている。スワは滝壺で事故死した都の学生に識域下で同化しており、また大蛇に変身した八郎には意識して〈同一化〉していたからこそ、スワは自分も死ぬと大蛇になると思い込んでいたわけである。スワが小鮒に変身して終るのも、人間と動物の境を越えた〈同一化〉に至っている。さらに思春期を迎えたらしいスワが「くたばつた方あ、いいんだに。」とまで嫌悪し、いったんは〈他者〉化した父親ではあった。が、「山人《やまふと》」と思われた父親に犯されながらも滝壺に投身する際に、スワの口から洩れるのは「おど!」という言葉である。それが恨みや断罪の言葉とは受け取りがたい以上、ここでも究極的には〈他者〉が存在しない形で作品が閉じられている。《あれは、やはり、仕事に取りかゝる前から、結びの一句を考えてやつたものでした。「三日のうちにスワの無慙な死体が村の橋杙に漂着した」といふ一句でした。》(木山捷平宛、昭8・3・1)という書簡が残されているが、スワの死体が発見されては〈物語〉(民話)が近代的な〈小説〉に変質してしまう。リアリズム世界を越えて人間と動物とが〈同一化〉した世界に自分を放とうとするなら、「魚服記」にとってスワの死体は付してはならない蛇の足だったのである。

動物への〈同一化〉

太宰作品の中で動物への〈同一化〉を志向したものを上げるなら、「畜犬談」(昭14)は外せない。井伏鱒二から受け継いだ〈自虐の笑い〉を縦横に放った好短篇である。漱石が猫なら太宰は犬で笑わせたと併記できるほど、明治以降では数少ない〈笑い〉の文学として異彩を放っている。〈自虐〉ももう一人の自分とのなれ合いであるという意味では、〈同一化〉の戯れと言えよう。

　私は、犬に就いては自信がある。いつの日か、必ず喰ひつかれるであらうといふ自信である。私は、きつと噛まれるにちがひない。自信があるのである。よくぞ、けふまで喰ひつかれもせず無事に過して来たものだと不思議な気さへしてゐるのである。諸君、犬は猛獣である。

井伏直伝の大仰な表現で笑いを誘っているわけだが、本当に犬を恐れる者にはこのような見え見えのウケ狙いの語りなどできようはずがない。「私」が犬を怖がっていた昔ならともかくも、「そろそろ秋風吹きはじめて来た現在」の時点から、半年間のことをふり返って物語っているのだという前提を忘れてはならない。《半年も共に住んでゐながら、いまだに私は、このポチを、一家のものとは思へない。他人の気がするのである。》と記してはいるものの、妻の発話はポチを「他人」呼ばわりする「私」の言動の真実味を大きく損ねている。

さうして、私の顔色を伺ひ、へつへつへつと卑しい追従笑ひするかの如く、その様子のいやらしいつたら無かつた。

「一つも、いいところないぢやないか、こいつは。ひとの顔色ばかり伺つてゐやがる。」

「あなたが、あまり、へんにかまふからですよ。」家内は、はじめからポチに無関心であつた。

「だめだ。僕は、可愛いから養つてゐるんぢやないんだよ。犬に復讐されるのが、こはいから、仕方なくそつとして置いてやつてゐるのだ。わからんかね。」

「でも、ちよつとポチが見えなくなると、ポチはどこへ行つたらう、どこへ行つたらう、と大騒ぎぢやないの。」

「ご近所にわるいわ。殺して下さい。」女は、かうなると男よりも冷酷で、度胸がいい。

「殺すのか。」私はぎよつとした。「もう少しの我慢ぢやないか。」（以上、傍線引用者）

妻が「無関心」に見えてしまうほど、ポチに対する「私」の関心は強いということであり、それを指摘されると虚しい屁理屈を並べるしかない。ポチとの〈同一化〉を通じて、「私」の犬に対する恐怖感は和らいでいると思われるものの、笑いに徹するという目的のために建て前としての犬嫌いを押し通そうとする語り口である。しかし皮膚病を患ったポチを自分の手で殺す成り行きになると、極めつけの屁理屈を用意して犬殺しを断念してしまう。

「だめだよ。薬が効かないのだ。ゆるしてやらうよ。あいつには、罪が無かつたんだぜ。芸術家は、もともと弱い者の味方だつた筈なんだ。」私は、途中で考へて来たことをそのまま言つてみた。

「私」がポチに薬を飲ませたのか、そうしなかったのかは明言できないものの、死なずにいたポチを二度と殺そうとはしない。ポチについて「性格が破産しちやつたんぢやないかしら。」と耳学問らしき言葉で妻に茶化されると、「私」は「飼ひ主に、似て来たといふわけかね。」とふて腐れていたが、殺すことが目的ならば次の手を打つはずである。そう読めば、〈同一化〉したポチを殺すに忍びず薬を与えなかった可能性も無いわけではない。語り手の言をそのまま受け取って薬を与えたとする読み方もあろうが、何せ殺せなかった時点から殺す対象と〈同一化〉していた上に、冒頭の過剰な語りのノリである。一人称小説につきまとう語り（手）に対する信頼のレベルという問題が派生する。テクスト末尾で「皮膚病なんてのは、すぐなほるよ。」と根拠もなしに語っているが、既に皮膚病も治った後の安心した気持で全編を語っているのであり、毒を入れなかったとしても、入れたように語る（騙る）のは造作もないわけである。

男との〈同一化〉／女との〈同一化〉

以上、太宰と志賀文学の共通性を見てきたが、次にはひるがえって主人公とその他の人物との関係を見ながら、両者の文学の相違を探っていきたい。

私は近頃自分に本当の生活がないといふ事を堪らなく苛々して居た時だつたからです。床へ入つてもどうしても眠れません。興奮した色々な考が浮んで来ます。私は右顧左眄《とみかうみ》、始終きよと〳〵と、欲する事も思ひ切つて欲し得ず、いやで〳〵ならないものを思ひ切つて撥退《はねの》けて了《しま》へない、中ぶらりんな、うじ〳〵としたこの生活が総て妻との関係から出て来るものだといふ気がして来たのです。（「范の犯罪」）

「本当の生活」を希求してやまない范は、今日風に言うならば〈自分探し〉をしているわけであろうが、「本当」の「自分」を追い求める力があり余って結果的に妻を死に至らしめる。それが故殺ではなく無意識のうちに（つまり「自然に」）為され、范自身のみならず裁判官によっても肯定されるところが、いかにも「内的自然」を絶対化する志賀文学（ひいては白樺派）である。自己に対して〈他者〉化した存在である妻を、自分を守るために抹殺していくというところが、志賀文学が〈強者〉の文学たるゆえんである。

つまり、わからないのです。隣人の苦しみの性質、程度が、まるで見当つかないのです。（略）……考へれば考へるほど、自分には、わからなくなり、自分ひとり全く変つてゐるやうな、不安と恐怖に襲はれるばかりなのです。自分は隣人と、ほとんど会話が出来ません。何を、どう言つたらいいのか、わからないのです。

そこで考へ出したのは、道化でした。

（「人間失格」・「第一の手記」）

葉蔵にとって自分以外の「人間」は皆不可解であり、自己とは異質な存在は「恐怖」の対象でしかない。人間を恐怖する葉蔵がとった戦略が言うまでもなく「道化」であり、「道化」を見破って〈他者〉性を露わにする相手が現れるとこれを必死に取り込んで「不安」を解消しようとする。「人間失格」においても最初に〈他者〉性を現すのが「白痴」に似た竹一であり、葉蔵は竹一を手なずけるのに懸命になる。竹一に「お前は、きつと、女に惚れられるよ。」（「第二の手記」）と保証されるとおり、女達は不思議に皆葉蔵を迎え容れてくれる。シヅコしかり、ヨシ子しかり、バアのマダムしかりであり、葉蔵に対してはそろって母性的な包容ぶりを発揮する。竹一が示した〈他者性〉は女達からはほとんど感受されず、葉蔵との距離を無くすことを喜ぶような〈同一化〉志向が見て取れる。志賀文学には見出しがたい傾向といえよう。

女達とは異なり、竹一を始め男は不可解な〈他者〉そのものであり、堀木やヒラメ（シヅコをレイプする編集者も）のように葉蔵を信用せず・軽視し・裏切っても平然としている。葉蔵を恐れさせているのは「人間」ではなく、「男」ではないかと言いたくなるほど男女が分節化されているように見える。「暗夜行路」（大10〜昭13）における兄信行、「和解」の叔父や「M」のように、主人公を支えつつ〈同一化〉する男性の存在が太宰テクストには見出しがたい。

「所が結局寛大になれなかつたといふのか」
「さうです。赤児の死だけでは償ひきれない感情が残りました。離れて考へる時には割に寛大で居られるのです。所が、妻が眼の前に出て来る。何かする。そのからだを見てゐると、急に圧へきれない不快を感ずるのです。（傍点原文）　（「范の犯罪」）

直子は無理に乗らうとした。そして半分引きずられるやうな恰好をしながら漸く片足を踏台へかけ、それへ立つたと思ふ瞬間、殆ど発作的に、彼は片手でどんと強く直子の胸を突いて了つた。直子は歩廊へ仰向けに倒れ、惰性で一つ転がり又仰向けになつた。　（「暗夜行路」第四篇・九）

結婚する前後の違いはあれ、范も謙作も共に妻はその従兄と肉体関係を結んでいる。従兄妹同士という関係は、幼なじみだった直子の場合のように身も心も隔たりが小さいのかもしれないながら、范や謙作にとって他の男の手が付いた妻は〈他者〉化して許容することができなくなる。いずれの場合でも、「こころ」では許しても「からだ」が拒絶しているのが明かだが、肉体の反応であるということは、より根源的な反撥だといえる。范はキリスト教にすがり《どうかして自分の心を和げて憎むべき理由もない妻を憎むといふ、寧ろ乱暴な自分の心をため直して了はう》と図るが、「心」によって己れを自由にできると考えるところが、キリスト教に親しむところと相まって范の観念的な在り方を明かしている。むろん「本当の生活」を追求するという、その前提となる〈真の自己〉があるなどと錯覚するところに范の観念性が判然としてはいた。「自分の心」（意識）では制御できない自身の「からだ」（無意識）が敢行した妻殺しによって、范はようやく活路を開くことができたという物語である。

謙作は范と異なり経済的ゆとりがあるので、直子との〈二人〉の生活から離脱して〈一人〉で大山に籠る。大自然の中で癒される展開はそれなりの説得力があるものの、自己救済が果たされたのが単に心身の衰弱によってだとすると、枕頭の直子に「私は今、とてもいい気持なのだよ。」とは言いながらも、回復した謙作が再び直子を突き飛ばさないという保証はない。問題は〈二人〉の生活が始まってからのはずだが、テクストはここで途切れる。一対の男女が〈二人〉で葛藤を乗り越えていくという物語は、志賀文学にはついに見出すことはできない。徹頭徹尾〈自己完結〉の文学たるゆえんである。

〈自己の輪郭線〉

志賀作品を強く意識していた太宰が、志賀テクストにおける妻の過失という問題までも念頭にしたと勘ぐりたくなるのが、「暗夜行路」完成（昭13）から隔たらずに発表された「姥捨」（昭13）である。

コキュ（寝取られ男）の懊悩の果てに妻と心中行に及ぶこの作品が、太宰自身の事実を素材にしているとすれば、虚構の物語である「暗夜行路」の作者との直接的なつながりは薄いということになるのではあるが。

それにしても、過失を犯した妻に対する思いには個体差が無いものなのであろうか？

あの女に、おれはずゐぶん、お世話になつた。それは、忘れてはならぬ。責任は、みんなおれに在るのだ。世の中のひとが、もし、あの人を指弾するなら、おれは、どんなにでもして、あのひとをかばはなければならぬ。あの女は、いいひとだ。それは、おれが知つてゐる。信じてゐる。こんどのことは？　ああ、いけない、いけない。おれは、笑つてすませぬのだ。だめなのだ。あのことだけは、おれは平気で居られぬ。たまらないのだ。ゆるせ。これは、おれの最後のエゴイズムだ。倫理は、おれは、こらへることができる。感覚が、たまらぬのだ。とてもがまんができぬのだ。

ただでさえ不自然なほど読点が多い太宰テクストながら、「姥捨」の読点・句点の過剰さは主人公・嘉七の動揺を示して余りある。ともあれ言葉は違っても、嘉七の言うことはほとんど范や謙作の苦悩と同内容であるのが興味深い。「責任は、みんなおれに在る」という「倫理」は范や謙作の自覚と共通しており、何よりも「感覚」が耐えがたいというのは「こころ」では許しても「からだ」が決して許すまでに至らないというのと同然である。

志賀テクストと差異を見せるのは、引用の前半である。相手の女（妻）に対する卑屈なまでの自己卑下、謙作のように女を「突いてしま」うのではなく、身を挺してまで女を守ろうとする親密な姿勢は、范や謙作には見られない。ましてや当の女と「一緒に死なう」という発想など、百パーセントありえまい。共に死ぬことで相手と無媒介に〈同一化〉しようとする、この距離感の無さが太宰作品の特質なのである。

志賀作品の主人公達は、自己を守るために他者との境界を潔癖なまでに明確にするので、〈自己の輪郭線〉は判然としているのが常である。本稿の最初に引き合いにした「灰色の月」など、その代表的な例である。同じ戦後浮浪児を素材にした太宰の「美男子と煙草」（昭23）と比べれば、その差異は瞭然としている。記者に向かって浮浪児も自分も共に堕天使だと言い、浮浪児の写真を見せた妻からも人違いされ、《「お前は、何を感違ひして見てゐるのだ。それは、おれだよ。お前の亭主ぢやないか。浮浪者は、そつちの方だ。」》というぐあいに、自他共に認める浮浪児との〈同一化〉ぶりである。

志賀に対して太宰の人物群は〈自己の輪郭線〉が弱く、他者を弾き返す力に欠けている。己れの側から他者に向かって自分を開き、相手にも開くことを期待しながら自己を他者に向けて投げ出す。常に他者に対して自己同化を図るので、〈同一化〉が際立ってくるのも当然ということである。自分がへりくだって己れを投げかければ、相手が許容してくれるはずだという主人公達の身勝手な思い込みこそが、太宰治その人の事実を重ねられながら、「甘え」のイメージに増幅されて太宰文学嫌悪の傾向を生じさせてもいる。むろん人間としてマイナスばかりの作家が、深い感動をもたらす高邁な作品を残すのも何ら不可思議なことではない。文学の鑑賞や評価において作家の人間性を問題にしても不毛であり、問われるべきは何よりも作品である。

　自死を控えた芥川龍之介によって《何よりも人生を立派に生きてゐる》（「文芸的な、あまりに文芸的な」昭2）と仰ぎみられた志賀直哉の作品世界が、一貫して堅固な〈自己閉塞〉を続けていたわけではない。晩年の龍之介同様に《人生を立派に生きてゐ》ないという自覚を持ち続けた太宰のテクストには、常時他者に対して自己を開く姿勢の人物が現れるとしたら、一方の志賀テクストにおいては一時期に限って他者を排除しない〈同一化〉志向が現れる。先に論及した「城の崎にて」がその代表例であるが、実生活上でも父との和解が成立した大正六年の作品群にその傾向が強く出るのは、作家と主人公が〈同一化〉しやすい志賀文学にあっては、必然だった。

　伴侶の過失がもたらす夫婦の危機という素材つながりで言えば、「好人物の夫婦」（大6）は女中に妊娠させたのは自分じゃないという夫の言葉を、妻がそのまま信じることで夫に同化するという話である。夫婦がそれぞれに〈自己閉塞〉して己れを守っていれば、起こりえない夫婦の〈同一化〉である。「和解」については『シドク』で詳細に論じたとおりで、[5] 父性原理による葛藤が中心テーマである志賀文学にあって、珍しく現れる「M」（mother に通じる）という男友達が発散する母性原理によって葛藤の物語が終焉する。相互に〈自己の輪郭〉を強固に守りつつ闘争を続けていた父と子が、それぞれ自己を開いて相手を迎え容れるという母性原理的な在り方ができた時に、和解は唐突に訪れるという運びである。

憑依という〈同一化〉

他の作家の追随を許さない〈女語り〉の達成は、太宰文学の特質の一つである〈憑依〉（同一化）の強度によるものであろう。共に名作とは言いがたいが、志賀直哉による「ハムレット」のパロディと比べると、太宰の「新ハムレット」（昭17）における〈憑依〉の縦横無尽な自在さが際立っている。「クローディアスの日記」は前述したとおり、ハムレットの頑な〈自己閉塞〉を解こうとするクローディアスの試みが挫折し、自身もハムレット（自己閉塞）に陥ってしまう。パロディの試みとしては批評性の効いた試行ではあるものの、志賀直哉という輪郭の強さに阻まれて冷静沈着で悪意を欠いたクローディアスという画期的な像を完成するに至らなかった。志賀の場合は、語り手が生霊のように対象に〈憑依〉することが困難のようで、結局強靭な作家の枠内の人物像に止まってしまう。すでに指摘があるとおり、伊達騒動を素材にした「赤西蠣太」における蠣太の性格が作家自身のものだという別の例も上げておこう。これに比べると太宰の場合は、〈自己の輪郭線〉が弱いことと相まって対象に自在に憑依し、語り出すと止まるところを知らない。

もっとも、太宰文学における〈同一化〉志向が常に成功しているわけではない。その見やすい例が「惜別」（昭20）であろう。語り手「私」と周（魯迅）との意気投合ぶりに露わな〈同一化〉はいつもどおりの手際としても、魯迅を意識してしまうと周の人物像があまりに貧相に見え、魯迅と太宰治のどちらの側から見てもミスキャストという不満は免れない。若き日の魯迅たる周が明確な輪郭を具えた存在として造型されておらず、「私」と〈同一化〉されすぎているので、魯迅である周が代替可能な一人の中国人留学生にすぎなくなっているからである。問われるべきは常にその達成であって、中国に同情・愛情を示し続けた武田泰淳が「惜別」に失望したのも道理で、打率の高い太宰にあっては珍しい低レベルの失敗作という評価は動かしがたい。時代からの要請（内閣情報局と文学報国会からの委嘱）でやむなく書いた故の駄作、という理屈は通らない。太宰は太宰なりの方法（文学の特質）で結果を出せばよかったのである。内向的な日本人学生から見た周の像が歴史上の魯迅につながらなくても、引っ込み思案同士の周と日本人学生との交流が描ききれていれば良かったわけであるが、何とも中途半端な結果というほかない。

戯曲の可能性

〈他者〉を排除して〈自己完結〉する志賀文学に〈同一化〉志向が現れるのが、大正六年からの一時期に限られるとすれば、志賀とは逆に〈同一化〉の文学として一貫しているように見える太宰の文学に、〈他者〉が現れるとしたらいかなる場合であろうか？　例えば「きりぎりす」（昭15）のように《おわかれ致します》と決然たる宣言が見えるのは、〈他者〉との対決を回避して〈同一化〉の安逸をむさぼる太宰文学にあっては稀だと言えよう。「姥捨」で見たように「わかれ」ることが不得意な太宰の人物群にあって、「きりぎりす」の「私」は特異な存在のように見える。相手（夫）の思惑など眼中にないまま、身勝手に〈自己完結〉する「私」は「斜陽」のかず子につながっている。いずれの場合も相手が己れを否定・排除してくるわけでもないのに、言い換えれば相手が不可解な〈他者〉に変貌してこちらを根本から動揺させるわけでもないのに、自分が取り憑かれた想念のままに別離の宣言をしている点では、「坊つちやん」並みの〈自己完結〉であって〈他者〉は不在のままである。

太宰文学が〈語り〉の文学であることは誰しも認めるところではあるが、太宰が〈同一化〉の連鎖に陥りやすい一人称の語りから脱しようと試みたことも知られていよう。例えば「焦点化ゼロ」の試みであった「火の鳥」（昭15）が、ぎこちない手付きを露わにしながら挫折したわけである。太宰文学において〈同一化〉が破られたのは、何よりも戯曲というジャンルにおいてであろう。「冬の花火」と（昭21）「春の枯葉」（同）両作においては、確かに〈他者〉の声が聞こえてくる。一見すると「冬の花火」は数枝が、「春の枯葉」は野中が主人公のように感じられる。しかし両人物共に、テクスト内で小説の場合ほど特化されているわけではない。時代に振り回されて悲喜劇を強いられているのは、数枝や野中に限ったわけではない。例えば数枝の母あさも野中の妻節子も、それぞれの悲哀と苦悩を抱いて生きているのであり、想定される舞台の上で数枝や野中の苦悩がとりわけ大きく見えるとも思えない。悲哀も苦悩も相対的だということが、戯曲という形式によってあぶり出されてくるようである。

「春の枯葉」の幕切れでは、奥田のしなやかな生き方に動かされつつ、節子が野中に対する〈同一化〉を告白するに至る。これもまた太宰のいつものパターンのように見えるが、野中はすでに死んでいるので手遅れであり、節子の思いは野中に伝わらぬまま閉じられる（本書収録論文）。太宰の場合、〈同一化〉の連鎖はジャンルの特質性によって破られた、言い換えれば漱石とは別の形で「焦点化ゼロ」を成し遂げたということである。もちろん戯曲という形式自体が、すなわち〈同一化〉とは相容れないというわけではない。初期の岡本綺堂の戯曲は、主人公の〈自己同一化〉をめぐるテーマが繰り返されており、そうした〈一元化〉された世界は洋行後には〈多元化〉されていくことは旧論のとおりである。[6]

若書きの勢いで、志賀直哉には戯曲が書けないと断言したことがあったが、[7]等身大の〈他者〉が創出しえなかった志賀には、「冬の花火」も「明暗」も不可能だと改めて言わざるをえない。むろん志賀は志賀なりに、数多の小説家から及びがたい高峰として仰がれる、別の達成を示した事実は決して動くものではない。晩年の龍之介が、志賀文学に対して無条件降伏かに見える絶賛を贈り、昭和文学の基軸となったプロレタリア文学とモダニズム文学の代表的作家である小林多喜二と横光利一が、そろって志賀の影響下に小説を書き始めたことは興味深い事実である。また昭和の文学批評を確立した小林秀雄にとっても、志賀の存在が不可欠だったことは前述したとおりである。一般読者よりも専門の文学者によって強く支持された志賀文学の秘密は、簡潔な文章・文体を極めたところにあろう。漱石・志賀・太宰という、三人の卓越した文章家の比較という魅力的な問題は、また別稿を要する。

注

（1）『小林秀雄への試み〈関係〉の飢えをめぐって』（洋々社、一九九四）

（2）論文ではないが、拙稿「漱石の話法について　文学教材の授業を豊かにするために」（『宇大論究』二〇一七・一二）を参照されたい。

（3）ジュネット『物語のディスクール』（花輪光他訳、水声社、一九八五）の分類による、いわゆる客観小説のこと。

（4）拙稿「『富嶽百景』の読み方、教え方」（『現代文学史研究』二〇〇八・六）

（5）「『和解』〈非・私小説〉として」（『シドク――漱石から太宰まで』洋々社、一九九六）

（6）「岡本綺堂の初期戯曲　その自己実現の諸相」（同右）

（7）「『赤西蠣太』　志賀直哉的ということ」（同右）

「春の枯葉」――〈善悪の彼岸〉を求めて

作品離れのオナニズム

他の作家に関する研究が停滞している中で、太宰治研究は相変わらず活況が保たれているのは嬉しいかぎりである。山﨑正純・中村三春・安藤宏各氏らの秀でた論考が切り開いた地平に、新たに松本和也や大國眞希・斎藤理生各氏など若い世代が斬新なアプローチをしつつ結果を出している。美術に詳しい大國氏のものをはじめとして、近年先行研究に乏しい作品に関する論が展開されており、そのこと自体も太宰文学の評価を高めているという面も忘れるべきではない。太宰研究者は自信と誇りをもって各々の道を行くべし、ということであろう。

さりとて数多ある太宰作品を覆い尽すのは至難であろうが、二作のみの戯曲作品に先行研究が少ないのはどうしたことであろう。戯曲研究家の怠慢なのか、太宰研究者の力不足なのか。作品自体が魅力に欠けるという理由でなさそうなのは、『明治大正の劇文学』（塙書房、一九七一）の著者である故・越智治雄氏に卓越した「冬の花火」（昭21）論があるからだ。他の太宰テクストからも自在に引用しつつ論を構築していく手並みは、かいなでの太宰研究にとどまってはいない重厚さを感じさせる。とても半世紀近くも前の論とは思えない新しさを保持しているのは、(常に綿密極まる作品分析を提示し続けた越智氏個人の及びがたい才質はさることながら)この作品論を正面から受けついで発展させえない太宰研究者の怠慢の証でもあり、その点では自省すべきであろう。

もう一つの戯曲「春の枯葉」(昭21)に関する論は、ほとんど無きに等しい。東郷克美氏と共に太宰研究における「作品論の時代」を築きあげた渡部芳紀氏の旧稿(『太宰治　心の王者』洋々社、一九八四)もあるにはあるが、力が抜けていて歯切れが悪すぎる。新しいところでは小森陽一「『春の枯葉』論」(『国文学』一九九一・四)があるものの、例によってテクストそっちのけで自分の思いつきに耽るオナニズムに夢中で意味不明瞭な放言が続き、作品研究に役立つものではない。そもそも「春の枯葉」は、テクスト分析が中毒症状を起こすほど多数の論が発表されていないのであるから、思いきった作品離れの地平から見直すべき要求が出る段階とは程遠いはずなのだが。

自分には「超自我《スーパー・エゴ》＝われら＝われ、といふ公式」を受容するための「先天的な適性」が欠けている、三島由紀夫はそういう孤絶した地平から戦後民主主義(者)に通底する「われらの文学」(一人称複数形)の居心地の悪さを拒絶したわけである。小森論の「単数から複数へ」という《敗戦後の日本の現実における、最もいかがわしい言説の制度》という着想は、それだけ見れば未だに興味深い問題ではある。しかし残念ながら肝心の戦後八ヶ月当時の「複数形」による「いかがわしい言説」の状況そのものを提示しえていない(無理な注文ではあろうが)こともあり、作品へ接続していかないので小森論自体が「いかがわしい言説」に堕している。のみならずテクスト中の「荒城の月」の歌詞から小森氏が読みとったと思われる戦前の「複数形の原理」と、戦後のそれとが差異化されぬまま短絡されているので論旨が混濁している。テクスト無視も論理の軽視も、研究としては最悪の症例であるのは言うまでもない。

一人称複数形という切り口で想起される優れた研究は、「我々」という一語に着目しつつ、志賀直哉「網走まで」の若者が増殖させていく想像（錯覚）の世界を鮮烈に分析してみせた小林幸夫氏の手際であり、範とすべき論考である（『認知への想像力・志賀直哉論』双文社出版、二〇〇四）。小森論的症状の方々に、次の高田知波氏の著書と共にこの「網走まで」論の一読をお勧めしておく。

作品離れ的斬新さでいつも感心させられるのは、『国文学』の特集号で小森論に続いて「斜陽」を担当している高田知波氏の作品論である。その達成である『〈名作〉の壁を超えて』（翰林書房、二〇〇四）には「斜陽」を含めた太宰作品論三本も収録されているが、「少女と娼婦——あるいは〝切り裂きジャック事件〟と『たけくらべ』」（初出題）や「『名刺』の女／『表札』の男」という「三四郎」論には、論文名にも明示されているように驚くべき自在な発想と、それを説得的に展開する着実な論理の鮮やかさを見ることができる。先行研究が読み落としてきた些末とも思えるテクストの細部に注目し、それが実は作品の核心となるものの表象であることを明かしていく妙技が、テクストの一語一語を軽視することなく綿密に読み込む作業の成果であることを忘れてはなるまい。

作品離れは往ったままでは文学研究としての意義は無い、還ってくるためにはテクストに対する真摯な姿勢と読みの精度が問われるのである。ともあれテクストが読めないことを糊塗するために、作品離れが逃げ口上的に使われる風潮は強く否定されなければならない。

奥田は「エゴイスト」か？

「春の枯葉」自体を対象としたものではないが、原仁司「太宰治と近代劇」（安藤宏編『日本文学研究論文集成　太宰治』若草書房、一九九八）は表題に即した予備的学習を怠らない、あるべき姿勢の論考である。惜しむらくは、戯曲と小説との差に自覚的でない小森論文に振り回されたためか、先入見でテクスト理解が後づけされている手付きが残り、作品論として見ると説得的ではない。殊に奥田義雄という人物については、他のすべての論と同様この原氏の論も読み誤っている、と敢えて挑発しながら「春の枯葉」の重要な論点を整理して向後の論議を期待したい。

原氏が伊藤整、チェホフ、ヴェデキントに依りながら《「春の枯葉」の登場人物たちは、夫々「会話」をすることはあっても「対話」をすることは、まずほとんどないといってよい。互いの言葉は対立点をうしない、すれちがったまま再び自らのモノローグに回帰してゆく。》と指摘するのは大筋でうなづけるものである。しかし次のような理解には賛同しがたい。

奥田は節子の深刻な哀訴にまるで応対しようとしていない。ならば無視、あるいは聞き流しているのかといえば、それも少し違う。どうも二人の「会話」は、最初から「対話」としての交信性を前提していないことがその特徴となっているようなのである。

つまり太宰の創造した登場人物、奥田義雄と菊代の二人（兄妹）は、人間対人間、個対個の直接的関係や劇的葛藤・対立を、放棄ないしは失調してしまった新時代の「人間」像なのである。実際、この戯曲の中で彼ら同士が「対話」（「会話」？）する場面が一度もないことに暗示されるように、二人は劇内他者との全人格的な交信を全く希求していないことがわかる。

後の引用から言挙げすれば、この奥田兄妹は果たして原氏のいうような意味で〈新時代の「人間」像〉としてくれるのであろうか？　いったい兄妹の会話場面の無いことが、二人が共に「劇内他者」との交信を希求していないことの根拠だなどとは珍奇すぎないか？　奥田は自己を「エゴイスト」と規定してみせるが、それが即、原氏が続けていうところの《他者との接触を拒否する自閉的人間》ということになるのであろうか？

「交信」する奥田

奥田義雄という自称「エゴイスト」は他の登場人物と同列に捉えるのではなく、彼らとは一線を画した含みのある人間として読まれるべきものだと思われる。奥田は野中と妻の節子、並びにその母・

しづの野中家の三人という〈他者〉を拒否することなく、それぞれ相手に応じて対処する開かれた人間であり、「自閉的人間」とは正反対の生き方を見せている。したがって教員としても十分に機能しているはずで、野中が怖れる教員の人員整理に際してもクビになることもなかろう。さりとて奥田が「他者との全人格的な交信」を希求している、とも言いがたい。奥田と野中家の三人それぞれとのやりとりの、終わり方に注目してみよう（引用文中に「卜書き」とあるのは卜書きの言葉を略したもので傍点は引用者、以下同）。

奥田　だから、それが、（笑ひ出して）いや、きりがないですね、こんな事を言ひ合つてゐても。（卜書き）これからも一生、野中家だ、山本家だ、と互ひに意地を張りとほして、さうして、どういふ事になるのかな？　僕には、わからん。わからん。

しづ　（興覚めた様子で）あなたも、いまにお嫁さんをおもらひになつたら、おわかりでせう。（卜書き）おお、寒い。雪が消えても、やつぱり夕方になると、冷えますね。（卜書き）お邪魔しました。

卜書き

奥田　（縁側に立つて、それを見送り）おしんこか何かとどけてくれると言つたが、あの工合ひぢやあてにならん。（ひとりで笑つて）さあ、めしにしようか。

（第二場）

奥田　（ト書き）いや、僕のはまだここに一ぱいあります。（苦笑しながら、申しわけみたいにちよつと自分の茶碗に口をつけ、すぐまたそれを卓の上に置き）どうも、これは。

野中　いのちが惜しいか。（笑ふ）　（同前）

奥田　試験台にはなりませんか。（笑ふ）どれ、僕が背負つて行つてやらうかな？

節子　（それをさへぎつて、鋭く）いいえ。わたくしが致します。もう、お手数はかけません。

奥田　他人は他人、旦那は旦那ですか。（いや味なく笑ふ）そのはうがいいんです。それぢや僕はちよつと、あの（ト書き）チンピラの音楽団のはうへ行つて、妹をつかまへて、事の真相を問ひただしてみませう。つまらない悪戯をしやがつて。（言ひながら気軽に上手より退場）

（第三場）

右の各場面に限らず奥田は「笑」を浮かべている人間として登場しているが、冷笑とは考えにくいので決して「他者との交信」を拒否しているわけではない。三人に対する奥田の態度には、むしろ原氏の言葉を借りれば《他者の存在を公平に許容し尊重する》しなやかさをこそ読むべきであろう（しづが言うように、奥田が結婚したらこのしなやかさは失われる可能性はあるが）。酔っている野中は相手にならぬのでその場での「交信」は諦めてはいるが、しづに対しては「過ぎ去つた事よりも、現在が大事ぢやありませんか。」（引用の直前の台詞）なども含めて言うべきことは明言している。ただそれがしづには伝わらないことを自覚してもいるので、自ら話題を切り上げるのである。

節子と奥田の会話にしても、奥田は常に「笑」を浮かべて〈他者〉を許容していることを見逃してはならない。その奥田の態度にほぐされたのか、節子の夫に対する姿勢が大きく変わっていく。野中と節子の間も《最初から「対話」としての交信性を前提していない》わけではない。直後の節子の「さ、一緒に帰りませうね。」「すみませんでしたわね。わたくしが悪かつたのよ。」などのつぶやきに注目すべきである。母のしづと同様かたくなに野中という家にこだわっていた節子が、奥田の助力を断って野中と「一緒」にいることを選びつつ「悪かつた」と言う以上、何らかの変貌を想定せざるをえまい。相手が酔っている野中だから高揚した勢いでその場限りの言葉を言ったまでだ、とするには変化が大きすぎる。まさに〈劇〉的な変貌なのであり、続いて「野中の死体に武者振りついて泣」きながら「わたくしは、心をいれかへたのよ。」と語りかけるのも、「交信」を前提としていない「モノローグ」では決してない。仮に野中が生き残ったとしても、この場の節子の言葉には偽りはない。「春の枯葉」は徹頭徹尾「モノローグ」に終始した〈劇〉の無い作品なのではない。節子の心が開かれようとしながらも、それが野中に伝わらぬまま幕が下りるからこそ、その絶望の深さが増すのである。

実のところ節子は、結婚当初は「全人格的な交信」を希求していたとも考えられる。それが野中対山本という「家」の対抗意識に阻まれて果たせないまま、一方の野中が「意地」を張るのと相乗効果をなして膠着せざるをえなかったのであろう。節子の自己閉塞を揺るがしたのは、前述のとおり「気軽」な奥田のしなやかさである。先入観に囚われずに奥田の台詞を読むことができれば、囚われることのない奥田の自在さが理解できるはずである。

「善悪の彼岸」

奥田　おくさん。善悪の彼岸といふ言葉がありますね。善と悪との向う岸です。倫理には、正しい事と正しくない事と、それからもう一つ何かあるんぢやないでせうかね。おくさんのやうに、ただもう、物事を正、不正と二つにわけようとしても、わけ切れるものではないんぢやないですか？

節子　よくわかりませんけれど、それでは、わたくしが何か間違ひを起しても？

奥田　（笑つて）それあいけません。どだい、不自然ですよ。それこそ、おくさんの空想の領域です。おくさんは、野中先生をずゐぶん大事にしていらつしやる。それがまた、おくさんの生き甲斐なのでせう？　ばかばかしい空想はやめませう。おくさん、今夜は、どうかしてゐますね。現実の問題にかへりませう。（語調をあらためて）僕たちは、お宅から引越します。問題は、それだけです。僕は学校の宿直室へ行きますし、妹は、あれは、東京へまた帰つたはうがいいだらうと思ひます。　（第三場）

奥田　人類がだめになつたんですよ。張り合ひが無くなつたんですよ。大理想も大思潮も、タカが知れてる。そんな時代になつたんですよ。僕は、いまでは、エゴイストです。いつのまにやら、さうなつて来ました。菊代の事は、菊代自身が処理するでせう。僕たち二十代の者は、或る点では、あなたたちよりもずつと大人かも知れません。自己に就いての空想は、少しも持つてゐません。

節子　（しづかに）それは、どんな意味ですの？

奥田　妹は妹、僕は僕、といふ事です。いや、人は人、僕は僕、と言つてもいいかも知れない。おくさん、あんまり他人の事は気にしないはうがいいですよ。　（同前）

「大理想も大思潮」も信じられなくなった時代を「だめになつた」とする奥田は、フランス革命史を読む人間でもあり、野中に揶揄されている（第二場）。当年二十八歳の奥田が言う「大思潮」が、昭和初年代の青年を捉えた革命思想を意味していた可能性は高い。時代的には運動としては退潮期であるが、革命という「大理想」に情熱を傾けていた十代の奥田から見れば、現在の自身は「いまでは、エゴイストです」というほかないのであろう。革命運動に邁進する自身の姿を思い描くような「空想」を、もはや奥田は持ちえない。そういう自己の在りようを自虐的に「エゴイスト」と呼んでいるのであって、この呼称に込められた奥田の断念は重い。「人は人、僕は僕」という考えを確信込めて公言するに至るまで、奥田が通過してきた葛藤・懊悩は語り尽くしがたいものであろう。今の奥田はフランス革命史を読んでも、「他人の事は気にしない」でいられるので他者にも現実世界にも働きかけることはない。自分の考えを明言することはあっても、他者も世界も変えようがないことをわきまえているため、しづや節子に対して自分の正論を押しつけないのである。

「空想」する菊代

あえて正論と言うのは、他の登場人物がそろって己れを「正」とし、相手の「不正」を糾弾しながら「交信」を拒絶して自閉する結果に陥っているのと対照的だからである。「正・不正」の二元論とは別の「もう一つの何か」を視野に入れることができるのが奥田のしなやかさなのであり、だからこそ「現実の問題」に冷静に対処することができ、解決策を提起しうるのである。「正・不正」を超えるものを想定しうるのは、おそらく奥田が若き日にこの二元論で他者や世界（母の不倫や革命思想）を腑分けしようとした結果、精神的な傷を負ったためであろう。「母は母、自分は自分」というように、母や現実世界を「自己に就いての空想」から切り離しえているからこそ、他の登場人物が囚われている「現実の問題」からの出口を見出すことができるのである。

解決策は奥田兄妹が引っ越すこと、奥田の言うとおり「問題はそれだけ」なのである。付随して菊代は東京へ帰った方が菊代自身のためにもなる、というのも全くの正論である。野中家という「正しい事」に膠着しきっていた節子の態度が軟化していくように見えるのも、奥田の示した引っ越しという「善意の彼岸」に救いを見るからである。

菊代がわけの分からない行動をするのは、「全人格的な交信」に飢えている現れとして理解することができよう。「新時代」を迎えて何かをせずにはいられないのだが、何をしていいのか分からずにあがいているのが菊代である。そういう意味で菊代は「自己に就いての空想」を生きようとしているのであり、それを未だ果たせずにいるわけである。菊代が「空想」を生きるには津軽は狭すぎる、他人の目を気にせずにいられる東京こそがふさわしいという判断が奥田にはあると思われる。幼い頃から不遇な生を強いられている妹に対する同情のみならず、まだ自分を生ききっていない者に対する暖かい眼差しが奥田にはある。だから子供達を利用してまで「つまらない悪戯」をする菊代を、強圧的に抑えようとはしないのである。菊代を捕まえに行く時の奥田が「気軽に」退場していることを、さきの引用文で確認してもらいたい。菊代が野中に金を与えてそそのかしたことを節子から知らされても、「いかにも、あいつのやりさうないたづらだ。」と「笑ひ」を浮かべるのである。むろん菊代の側では、強圧的でないにしろ何でも黙認・放任してくれるわけもない兄を煙たがっているはずであり、したがって家に寄り付こうともせずに、意のままにしやすい子供達と一緒にいたがるのである。

迷走する男女

節子　まだあります。野中にたきつけて、わたくしとあなたと、……。
奥田　（まじめになり）しかし、おくさん。妹はばかな奴ですが、そんな、くだらない事は言はない筈です。
節子　でも、野中はさつき、わたくしを疑つてゐるやうな、いやな事を言ひました。
奥田　それぢやあ、それは野中先生ひとりの空想です。野中先生は少しロマンチストですからね。

いつか僕と議論した事がありました。野中先生のおつしやるには、この世の中にいかにおびただしく裏切りが行はれてゐるか、おそらくは想像を絶するものだ、いかに近い肉親でも友人でも、かげでは必ず裏切つて悪口や何かを言つてゐるものだ、人間がもし自分の周囲に絶えず行はれてゐる自分に対する裏切りの実相を一つ残らず全部知つたならば、その人間は発狂するだらう、といふ事でした。しかし僕はそれに反対して、人間は現実よりも、その現実にからまる空想のために悩まされてゐるものだ。空想は限りなくひろがるけれども、しかし、現実は案外たやすく処理できる小さい問題に過ぎないのだ。この世の中は、決して美しいところではないけれども、しかし、そんな無限に醜悪なところではない。おそろしいのは、空想の世界だ、とまあ言つたのですが、どうも、野中先生の空想には困ります。

節子　（変つた声で）でも、それが本当だつたら？

奥田　（どぎまぎして）え？　何がですか？

節子　野中のその空想が。

奥田　おくさん！　（怒つたやうに）何をおつしやるのです。

（第三場）

先行論では素通りされてきた男と女の問題である。野中と菊代との関係も含めて、確かに見えにくい問題であり、この不明瞭さは何よりも登場人物が自身の気持を捕捉しえていないことに由来する。

例えば既に引用した第二場の奥田としづのやりとりの後、奥田が食事の支度をしている障子の影法師の後ろに、女の影が映るといふミステリー・タッチの場面である。第三場になってそれが「奥田先生がおひとりで晩ごはんのお仕度をしていらつしやるといふ事を母から聞いて、何かお手伝ひでもしようかと思つてお部屋をのぞいてみました。」と節子の口から説明される。必ずしも節子の言うとおりとも限らないのは、「その女の影法師は、じつと立つたまま動かぬ」とあるように、いざ奥田の所に来たところで、節子はすぐに食事の仕度を手伝うでもなく立ち止まっているだけだからである。奥田に対する気持を節子自身が捉えかねているからであり、奥田本人に向かって「でも、それが本当だつたら？」と問いかけてしまうのも、自分の気持を確定しえた上での問いではない。

菊代　ええ、でも、同じうちにゐても、なかなか二人きりで話す機会は無いものだわ。あら、ごめん。誘惑するるんぢやないわよ。

野中　かまひませんよ。いや、よさう。兄さんに怒られる。あなたの兄さんは、まじめぢやからなう。

菊代　あなたの奥さんだつて、まじめぢやからなう。（第一場）

「二人、笑ふ」というト書きが続くが、実は何も無さそうな二人の関係ではある。しかし「美人だつて？　笑はせやがる。東京の三流の下宿屋の薄暗い帳場に、あんなヘチマの粕漬みたいな振はない顔をしたおかみさんがゐますよ。」（同前）と、当の夫の眼前で菊代が悪口言いたい放題の気の許し方をしているのは、二人の共犯が前提となっているようにも見える。また第三場の「菊代さんを、あなたは、どうなさるおつもりです。」という節子が野中に言う言葉も引き寄せて考えれば、ふたりの間に男女の交情があるものと見えなくもない。野中も自分達の関係に何らかのやましさを感じつつ、奥田を意識に上らせるわけである。

菊代の罵詈雑言は節子への嫉妬に由来するとも見え、野中が節子に「知つてるよ。お前のあこがれのひとは、誰だか。」（第三場）と邪推するのは、明らかに嫉妬であろう。なぜこのような感情の迷走が起るかといえば、狭い敷地内に男女が二人ずつ同居しているからというほかない。それも津軽の「海岸の僻村」という生活圏の狭さであり（狭さは濃密な意識の空間を生じさせる）、その世間の狭さに由来する性の抑圧が、心中に飢えを抱えた男女に「空想の世界」を創出させてしまうのであろう。ここでも奥田は他の三人とは異なり、「空想」に振り回されていない。

ハムレット人間

野中は第一場で登場早々に「教へたあとで何だか、たまらなく不安で、淋しくなるのだ。僕には何もわかつてゐないんぢやないか」と苦しみを語り、その後もテクスト全体を通して〈煩悶する男〉という役どころである。名目は野中家の主人でありながら、実質は主人ではない（養子）というアイデンティティの不安定さが野中の言う「不安」の出所だという側面もあろうが、「自己に就いての空想」に憑かれているという点では田舎のハムレットと呼べよう。自虐的な自己劇化・自己陶酔に耽りがちで、むやみと「死」や「裏切り」を口にしたがるところはまさにハムレットの名にふさわしい[2]。奥田に言わせれば「案外たやすく処理できる」はずの「現実」に直面することを避けている、文字どおりの「センチメンタル」な「ロマンチスト」と言うほかない。自閉しながら己れが置かれた「現実」を「醜悪なもの」として誇大視し、「空想の世界」で自己陶酔しているにすぎないからである。奥田に「命が惜しいか」と強がりを言ってみたり、節子に向かって「死ぬんだ。死にやあいいんだらう？　どうせ僕は、野中家の面よごしなんだから、死んで申しわけを致しますですよ。」とハムレットばりの駄々をこねるのも、しづと節子によって増幅された被害者意識で自己陶酔しているからである。

妻である自分を「悪魔」呼ばわりする野中を、節子が「あなたは、はづかしがつてゐません。」というのも、野中の自己劇化を直感的に見抜いているようでもある。菊代との仲を疑われると野中が「聖書にこれあり。赦さるる事の少き者は、その愛する事もまた少し。」と応じるのも、話をそらすつもりはなく、「僕はいま罪人なんだ。」と言うのと同様に大仰ながら、野中なりの自己劇化的心理から発している台詞なのである。野中の死はおそらくは事故であろうが「死にやあいいんだらう？」とふてくされている自暴自棄な気持にも嘘はなく、「現実」と「空想」の境界——生死のあわいで自己陶酔しているうちに、誤って一線を越えてしまったというのが実情であろう。作家は「聖書」の気に入ったフレーズを引用させながら、野中に自己仮託した悲劇を書いたつもりかもしれないものの、野中を中心化して読めばテクストは喜劇的色彩を帯びてくる。むろん悲劇は裏返せば喜劇となる、という一般論を出ていない範囲ではある。チェホフが「桜の園」は喜劇だと呼んだというエピソードは有名だだ、時代の変化に即応できないラネーフスカヤを野中に重ねれば、チェホフの遺したパラドックス理解の一助ともなろうが、話がふくれすぎよう。

いつも二人

目の前にしながらも気づきにくいところがある、「春の枯葉」にはそういった特色がある。「対話」が成立しているか否かはしばらくおくとしても、この戯曲のほとんどの場面が二人だけの会話に終始し、三人以上のからみが見られないという点は見過ごされやすい。

第一場　野中と学童　　第二場　奥田としづ　　第三場　節子と野中
　　　　野中と菊代　　　　　　奥田と野中　　　　　　節子と奥田

第二場の奥田と野中との会話の場面では、野中と節子のやりとりが一時はさまるが、これに奥田がからまることはない。そこに同座しながらも夫婦喧嘩に口をはさまないのも、前述した奥田らしいスタンスの取り方と言うべきであろう。第一場から第三場まで、それぞれ野中・奥田・節子が会話の軸となり、常に二人だけの台詞が交わされる。これが必ずしも太宰戯曲の特徴と言いきれないのは、「冬の花火」では二つの場面が三人の会話で成り立っているからである。第一場の幕切れがあさ・数枝・伝兵衛のからみであり、第二場の幕切れ直前では清蔵・数枝・あさの三人が張りつめた場面を作り上げるが、第一幕ではなだめ役だったあさが一転して、二幕では出刃包丁で清蔵を刺そうとして緊張感を生んでいる。唐突なあさの変貌ぶりに隠された「秘密」が終幕で明かされる、という劇的転回が用意されているわけである。

「冬の花火」も他の場面はすべて二人の会話に終始しているものの、「春の枯葉」は徹底して二人に限られている。三つの場の会話の軸となる人物は前述のとおりながら、さらにいえばこの三人は会話だけに止まらず、各場の大局的な意味を提示しながら劇を方向付けていると見ることもできよう。第一場の野中が自己閉鎖的な世界を表し、第二場の奥田が閉塞した世界に動揺を与えて行き、第三場に至って節子が自己閉塞からようやく抜け出そうとする可能性を示しながらも、野中の死によって唐突に閉じられるという運びである。

それにしても二人だけの会話の場面が圧倒的に多いというのは、どう解したらいいのであろうか？戯曲制作に際して、太宰がもっとも参考にしたと言うチェホフにも、著名作品には二人の会話が中心というものは見当たらない。理由を求めるとすれば、太宰の内側に向かわねばなるまい。急ぎ足で思い付きを述べるに止まらざるをえないが、太宰の作品世界は（精神世界も、と飛躍してもよさそうだが）基本的には二元論的な構造を抜けきれなかったのではあるまいか。野中のような自画像的な人物と、それと対極の存在との葛藤が太宰作品に共通した特徴だと予断しておきたい。例えば「ダス・ゲマイネ」など、分身的存在ばかりの同質性の世界を創出することも多いものの、その場合でも人物達の対極には俗物性《ダス・ゲマイネ》が位置付けられている。太宰の作品には自身をモデルにした私小説的傾向があることはくり返すまでもなかろうが、自画像的人物の対極に位置するのは家（長兄）であり俗世間であり、それらから派生するものである。

田舎の人間に対する菊代の憎悪は、津軽に疎開していた頃の作家自身のものであろうが、太宰が奥田のように「もう一つの何か」を希求する志向性も無いわけではない。

その夜から私たちは仲良くなつた。お医者は、文学よりも哲学を好んだ。私もそのはうを語るのが、気が楽で、話がはづんだ。お医者の世界観は、原始二元論ともいふべきもので、世の中の有様をすべて善玉悪玉の合戦と見て、なかなか歯切れがよかつた。私は愛といふ単一神を信じたく内心つとめてゐたのであるが、それでもお医者の善玉悪玉の説を聞くと、うつたうしい胸のうちが、一味爽涼を覚えるのだ。たとへば、宵の私の訪問をもてなすのに、ただちに奥さんにビイルを命ずるお医者自身は善玉であり、今宵はビイルでなくブリッヂ（トランプ遊戯の一種）いたしませう、と笑ひながら提議する奥さんこそは悪玉である、といふお医者の例証には、私も素直に賛成した。

（「満願」昭13）

「お医者」に共感しがちなのは「私」の、ひいては太宰という人間の心性ではあろうが、「原始二元論」から生み出される葛藤から脱け出したいというのも、この頃からの太宰の切実な気持だったはずである。テクスト冒頭に、これは《ロマネスクといふ小説を書いてゐたころの話》とあるから、作家論として言えばいわゆる中期の序曲たる「満願」には、芸術の使徒として俗人相手に戦い抜いた前期の二元論的懊悩からの救済として、「愛といふ単一神」が希求されているのである。ちなみに「ロマネスク」は私読によれば〈父と子〉の対立・葛藤の物語であり、三人の「子」たちが「父」の代弁する現実世界の論理・価値観に反抗を企てて敗れる話である（『シドク―漱石から太宰まで』洋々社、一九九六）。

八月のをはり、私は美しいものを見た。朝、お医者の家の縁側で新聞を読んでゐると、私の傍に横坐りに坐つてゐた奥さんが、

「ああ、うれしさうね。」と小声でそつと囁いた。

ふと顔をあげると、すぐ目のまへの小道を、簡単服を着た清潔な姿が、さつさつと飛ぶやうにして歩いていつた。白いパラソルをくるくるつとまはした。

この「白いパラソル」が表象している無垢・純粋さがすなわち先の「愛といふ単一神」だとするのは短絡ではあろうが、「右大臣実朝」（昭18）の実朝や『お伽草紙』（昭20）収録の「浦島さん」における乙姫、戦後作品では「斜陽」（昭22）の母などが太宰の「白いパラソル」の形象化と解してもよかろう。「満願」は《あれは、お医者の奥さんのさしがねかも知れない。》という意味を限定しにくい一文で閉じられる。「あれ」が「白いパラソル」を指すとすれば、「私」ができすぎた話に疑念を抱き、現実世

界の苦しみはそう簡単に「解決」されえないという苦い認識を込めた言葉にも見えてくる（作家を持ち出せば、できすぎた美談を語る太宰のテレとも読めるのだが）。だとすれば《くるしい時には、かならず実朝を思ひ出す様子であつた。》（「鉄面皮」昭18）という言葉を想起するまでもなく、実朝や「斜陽」の母は現実の彼岸にしか求めえない夢想として、断念されつつ結ばれた像だったことになる。確かに両者共に、現実世界に永らえきれていない。

奥田の示す「善悪の彼岸」に想定される「もう一つ何か」が、一時期太宰が口にした「かるみ」につながるのか否かは別の機会に譲るとして、「春の枯葉」に戻って言えば「もう一つ何か」は具体的には何も提示されないままで幕が下ろされる。「だめになつた」「人類」を救済する手だてなどむろん奥田には無い。が、最小限のこととして奥田は野中夫妻を救いえたかもしれぬものの、それも野中死によって挫折した形で終わっている。「冬の花火」同様に何とも閉塞した作品ではある。我々読者にとっては、太宰が野中の造型に止まらず、しなやかな生き方を説く奥田をも創造しえていることに僅かながらも救いを見出せるということであろうか。太宰自身は事故でなく、死に急いでしまったにしろ。

注

（1） 今更すまして「われらの文学」などに顔を連ねてゐることは、恥づべき振舞である。（一文略）時の経過といふものは怖ろしい。私には何となく、現在の「われら」はいやらしいが、過去の「われら」は美しかつたといふ気がしはじめてゐる。

（三島由紀夫「『われら』からの遁走」昭41）

（2）ハムレットの有名な「生か死か、それが問題だ。」というモノローグには、小田島雄志氏の「このままでいいのか、いけないのか、それが問題だ。」という訳し方（テクストの読み方）もあるが、ここでは「生か死か」のイメージで言っている。ただし「新ハムレット」というパロディも残した太宰が、野中をハムレットに仕立てたとまで言う気はない。野中は奥田から「ロマンチスト」と規定され、菊代からは「案外、センチメンタルね、先生は。」（第一場）と皮肉られている。「僕たち二十代の者は、或る点では、あなたたちよりもずつと大人かも知れません。」という言葉のとおり、野中に比べると奥田兄妹は確かに「大人」（リアリスト）といえよう。

「如是我聞」――開かれてあることの〈恍惚と不安〉

志賀直哉との確執

志賀直哉と関連づけて太宰治を論じようとするなら、鶴谷憲三『太宰治　充溢と欠如』（有精堂、一九九五）の到達点から始めればよい。殊に巻頭論文の「太宰治における志賀直哉の位置」は先行研究の誤解や偏りを正しながら、志賀に対する太宰の「位置」の取り方が納得できる形で詳述されている。これに補足を試みながら、志賀対太宰を「充溢と欠如」の対照とする鶴谷氏の把握を、「如是我聞」（昭23）を素材にしつついかにズラせるかが本論の課題である。

補足と記したのは、鶴谷氏はあくまでも《志賀の名が実名、または明らかに志賀と推定される形で太宰の作品に出てくる》もののみを論じているので、その抽出の仕方からは漏れる例を上げながら、太宰は《志賀を強烈に意識して自己の文学を立て直そうとした》（鶴谷）という推定を補強しておきたいと考えたからである。鶴谷氏が上げている例は昭和十年の「もの思ふ葦」からであるが、昭和八年に同人誌『海豹』に連載された「思ひ出」にも既に志賀直哉の刻印が読み取れる（習作は未詳）、というのが以前から暖めていた私見である。

「思ひ出」が収録されている『晩年』がコラージュの「葉」から始まり、「道化の華」等のメタフィクションまで、新技法を駆使した方法実験であることはくり返すまでもあるまい。そこで試行されている方法は二十世紀の斬新なものばかりではなくパロディや民話、そして「地球図」という（芥川風の?）歴史小説の形式までも採用されているのであり、その中で「思ひ出」は「列車」同様あえて旧態の私小説の手法が試みられていると言えよう。ちなみに『晩年』収録作品中、最初に発表されたのが「列車」であり、民話風の「魚服記」を挟んで「思ひ出」という順である。この三作が発表された昭和八年は、私小説の復活とともに私小説的な転向小説が目立ち始める頃であり、そういう機運の中で太宰文学の近縁者である高見順（転向・饒舌体・コキュが太宰と共通する）がプロレタリア小説から反転一新した「感傷」を発表し、自らの文学の端緒をつかんだ年でもある。大局的にはそのような流れの中で、「思ひ出」は「暗夜行路」（大10〜昭13）等を意識しながらつづられたものと考えられる。

志賀直哉への〈同一化〉

それから旧藩主が死んだ時に、おかくれになつたといふのを「隠れん坊」と解《と》つて、棺の後ろへ立て回した金屏風の裏を頻に探し回つた事、（略）只一つ、未だ茗荷谷に居た頃に、母と一緒に寝て居て、母のよく寝入つたのを幸ひ、床の中に深くもぐつて行つたといふ記憶があつた。間もなく彼は眠つて居ると思つた母から烈しく手をつねられた。そして、邪慳に枕まで引き上げられた、然し母はそれなり全く眠つた人のやうに眼も開《あ》かず、口もきかなかつた。彼は自分のした事を恥ぢ、自分の仕た事の意味が大人と変らずに解つた。この憶ひ出は、彼に不思議な気をさした。恥づべき記憶でもあつたが、不思議な気のする記憶だつた。

（「暗夜行路」第二篇・三）

黄昏のころ私は叔母と並んで門口に立つてゐた。叔母は誰かをおんぶしてゐるらしく、ねんねこを着て居た。その時の、ほのぐらい街路の静けさを私は忘れずにゐる。叔母は、てんしさまがお隠れになつたのだ、と私に教へて、生き神様、と言ひ添へた。いきがみさま、と私も興深げに呟いたやうな気がする。それから、私は何か不敬なことを言つたらしい。叔母は、そんなことを言ふものでない、お隠れになつたと言へ、と私をたしなめた。どこへお隠れになつたのだらう、と私は知つてゐながら、わざとさう尋ねて叔母を笑はせたのを思ひ出す。

（「思ひ出」一章）

母に対しても私は親しめなかつた。乳母の乳で育つて叔母の懐で大きくなつた私は、小学校の二三年のときまで母を知らなかつたのである。下男がふたりかかつて私にそれを教へたのだが、ある夜、傍に寝てゐた母が私の蒲団の動くのを不審がつて、なにをしてゐるのか、と私に尋ねた。私はひどく当惑して、腰が痛いからあんまやつてゐるのだ、と返事した。母は、そんなら揉んだらいい、たたいて許りゐたつて、と眠さうに言つた。私は黙つてしばらく腰を撫でさすつた。母への追憶はわびしいものが多い。

（同）

最後の引用は幼い「私」が無断で兄の洋服を着ていると《母は、どうした訳か、その洋服をはぎ取つて了つて私の尻をぴしやぴしやとぶつたのである。私は身を切られるやうな恥辱を感じた。》という場面に続いている。「お隠れ」に関しては〈わざと〉笑わせる太宰的主人公の特徴として差異化されてはいるものの、類似した逸話の好例ではある。就寝中における性的衝動の発現を母に気付かれたり、母から暴力的制裁を受けたりした記憶（「暗夜行路」では「序詞（主人公の追憶）」でも語られている）の共通性は、両作の主人公が実母ではないもの（志賀作品では祖父の妾であり、太宰作品では叔母）との間に擬制的な母子関係を生きるという設定そのものの類同性とも無縁ではあるまい。むろん謙作の側には《其母も実は彼にさう優しい母ではなかつたが、（略）本統の愛情は何と云つても母より他では経験しなかつた。実際母が今でも猶生きて居たら、それ程彼にとつて有難い母であるかどうか分らなかつた。然しそれが今は亡き人であるだけに彼には益々偶像化されて行くのであつた。》（第一篇・五）という事情はあるものの、実母であることが確信されている「充溢」した安堵感がある。

一方「思ひ出」は叔母で始まり叔母で終るように「私」は徹底して実母から隔てられている。母が常に否定的なニュアンスで語られるだけでなく、母代りの位置を占める叔母も冒頭近くでは「私」を置き去りにする姿で夢に現れている。「私」における〈母〉の「欠如」であり、根源的な平安からの隔絶感が「思ひ出」（あるいは全ての太宰作品）の底に流れている。〈母〉の欠落は、太宰の主人公達が根本的なアイデンティティの動揺や欠落感を共有していることとも直結している。「人間失格」とはこの根源的なアイデンティティの欠損を言ったものであり、自己が不安定に揺らぎ続けているかぎり〈他者〉を理解することは覚束なく、したがって大庭葉蔵は《人間を極度に恐れ》なければならないのである。こうした人間失格者が、確固としたアイデンティティを保持し続ける者（志賀直哉）に対して非難がましいことを言い得たとすれば、それはいったい何なのか。自分を捨てた男に対する女のヒステリックな罵詈雑言並みの理解に止めぬために、我々は「如是我聞」に何を読めばいいのか？

「人間失格」の著名なアント（反意語）遊びで言えば、太宰治のアントニムは志賀直哉であり、両者をシノニム（同意語）扱いにする神西清「ロマネスクへの脱出」（昭23）の把握は全くの的はずれというほかない。芥川龍之介を自らのシノニムとして思い入れを強くしていた太宰は、志賀を《何よりも先にこの人生を立派に生きてゐる》（「文芸的な、余りに文芸的な」昭2）と捉える負の感覚を芥川と共有しながら志賀を意識し始めた、と推察できよう。芥川が志賀の心境小説に対して及びがたい距離を自覚しつつも、芥川なりの心境小説「蜃気楼」を書いたように（三好行雄『芥川龍之介論』筑摩書房、一九七六）太宰は「暗夜行路」や「大津順吉」（千代という女中の名は、「思ひ出」のみよに類似している）を意識しながら「思ひ出」を書いたものと思われる。戦後になって志賀と行き違うまでの太宰は、むしろ志賀直哉に〈同一化〉する指向性を抱き続けていたと言えよう。[2]「如是我聞」のモチーフは、やはり敬愛する作家から自作に対する否定的な言辞をくり返されたことが、志賀への罵倒に反転していったものと考えるべきであろう。

「愛する能力」

さて問題の「如是我聞」である。《他人を攻撃したつて、つまらない。攻撃すべきは、あの者たちの神だ。》が周知の冒頭文であるが、この「神」は次のように説かれている。

家庭である。

家庭のエゴイズムである。

それが終局の祈りである。私は、あの者たちに、あざむかれたと思つてゐる。ゲスな云ひ方をするけれども、妻子が可愛いだけぢやねえか。　（一）

全部、種明しをして書いてゐるつもりであるが、私がこの如是我聞といふ世間的に言つて、明らかに愚挙らしい事を書いて発表してゐるのは、何も「個人」を攻撃するためではなくて、反キリスト的なものへの戦ひなのである。

彼らは、キリストと言へば、すぐに軽蔑の笑ひに似た苦笑をもらし、なんだ、ヤソか、といふやうな、安堵に似たものを感ずるらしいが、私の苦悩の殆ど全部は、あのイエスといふ人の、「己れを愛するがごとく、汝の隣人を愛せ」といふ難題一つにかゝつてゐると言つてもいいのである。

一言で言はう、おまへたちには、苦悩の能力が無いのと同じ程度に、愛する能力に於ても、全く欠如してゐる。おまへたちは、愛撫するかも知れぬが、愛さない。

おまへたちの持つてゐる道徳は、すべておまへたち自身の、或いはおまへたちの家族の保全、以外に一歩も出ない。　（三）

「家庭のエゴイズム」を肯んじない太宰を、単なる〈帰宅できない蕩児〉として退けることは不毛である。《この雛壇のまゝでは、私たちには、自殺以外にないやうに実感として言へるやうに思ふ。》（一）とまで、「苦悩」を強調し、個人攻撃ではなく〈反キリスト的なものへの戦ひ〉として位置付けた太宰の真意、あるいは太宰自身が意識化しえなかったものを含めた「いのちがけ」の問題提起にこそ応えねばならない。〈反キリスト的なもの〉の内実を読むには、《わたしが来たのは、人を父から、娘を母から、嫁を姑から離すためである。人の敵はおのが家人である。父や母をわたし以上に愛するものはわたしにふさわない。》（「マタイ福音書」前田護郎訳）というイエスの言葉を想起すべきであろう。「家庭のエゴイズム」が諸悪の根源として否定されなければならないのは、「家庭」に閉じると「隣人」（他者）への眼差しを失うからである。「愛撫する」とは絶対化された自己が「隣人」を思いのままにすることであり、「愛する」とは自己を「隣人」と同じ地平まで相対化することである。「弱さ」とは「隣人」の不幸に耐えられないことであり、自身の「弱さ」に生きる者は「家庭のエゴイズム」に閉塞することはできない。親や兄弟から義絶されても、「隣人」を愛さずにはいられないのが太宰治であった。その太宰からすれば「暗夜行路」も《いつたい、この作品の何処に暗夜があるのか。ただ自己肯定のすさまじさだけである。》（四）と見えてくるのもやむをえない。〈自己肯定のすさまじさ〉とは「隣人」を拒絶する強さであり、〈弱さ〉を抱えた太宰が「灰色の月」（昭20）において《倚りかかつて来た少年工を肩で突返した》「私」に対し、《この少年工に対するシンパシーが少しも現はれてゐない。》（四）と抗議するのも当然であった。志賀直哉には生まれながらの「愛撫」する力はあっても、「愛する能力」が欠けていると太宰は見たわけである。

「あの人は私のものだ」

ところで太宰の志賀攻撃は、自身が生来「愛する能力」を具えているという確信からなされたわけではない。例えば我々は太宰が造型したユダが、イエスに対する愛をくり返し口にしながらも、実は〈自己愛〉の亡者でしかないことを知っているからである。

私には、いつでも一人でこつそり考へてゐることが在るんです。それはあなたが、くだらない弟子たち全部から離れて、また天の父の御教へとやらを説かれることもお止しになり、つつましい民のひとりとして、お母のマリヤ様と、私と、それだけで静かな一生を、永く暮して行くことでであります。私の村には、まだ私の小さい家が残つて在ります。年老いた父も母も居ります。ずゐぶん広い桃畠もあります。春、いまごろは、桃の花が咲いて見事であります。一生、安楽にお暮しできます。私がいつでもお傍について、御奉公申し上げたく思ひます。よい奥さまをおもらひなさいまし。（略）私はあの人を愛してゐる。あの人が死ねば、私も一緒に死ぬのだ。あの人は、誰のものでもない。私のものだ。あの人を他人に手渡すくらゐなら、手渡すまへに、私はあの人を殺してあげる。

（「駈込み訴へ」昭15）

《あの人は、誰のものでもない。私のものだ。》というユダの主張は、独占欲であっても愛ではない。ユダが愛していたのはあくまでもイエスに執着する己れ自身であり、イエスを「隣人」（他者）として愛しているわけではない。ユダが語ってみせる「桃の花」の咲く理想郷が、イエスと母マリヤ、それと（場合によってはイエスの妻と）彼らに奉仕するユダ自身が加わって一生安楽に生活するという、変則的ではあるが一つの「家庭」に紛れないことを見逃してはなるまい。イエスがユダに心を許せないのは、ユダが囚われているこの「エゴイズム」を見抜いているからである。《あの人は、どうせ死ぬのだ。ほかの人の手で、下役に引き渡すよりは、私が、それを為さう。けふまで私の、あの人に捧げた一すぢなる愛情の、これが最後の挨拶だ。》と断言するユダは、ユダなりの〈自己肯定のすさまじさ〉に支えられているわけである。ユダのような太宰の身体的分身は、他にも「右大臣実朝」（昭18・3）における公暁のような形で繰り返されているが、それら〈弱者〉は志賀直哉的強者のアントニムという見せかけながら〈自己肯定のすさまじさ〉を共有する点では同類項であった。

生活も文学も安定していたとされる中期に造型した、ユダや公暁の〈自己肯定のすさまじさ〉はもはや「如是我聞」の太宰のものではない。ということは「汝の隣人を愛せ」という課題に応える条件が用意されているということである。他人の不幸に耐えられぬ〈弱さ〉を引きずり続ける太宰は、捨て身で「隣人」を愛そうとする。〈弱さ〉とは酒びたりのために「家族の保全」を保障できないということではなく、「子供より親が大事」（「桜桃」昭23）と自分に言い聞かせなくては〈自己肯定〉できない、すなわち生きていられないことである。〈自己肯定のすさまじさ〉を持てぬ以上、「義のために」生き死にすることなど覚束ない。こうした人間が「隣人」を愛そうとすれば、やむなく「義のために遊ぶ」（「父」昭22）ほかない、ということになる。

〈弱さ〉が撃つ三島由紀夫

太宰の「家庭のエゴイズム」攻撃は、戦後の時代思潮に対する批判を超えた、はるかの地平を見すえているように読める。例えばさかのぼって、天皇制国家にくり込まれていた戦前の〈家〉の在り方を撃つものでもある。「妻子が可愛いだけ」という閉じ方のみならず、《天皇が可愛いだけ》という悲劇的あるいは喜劇的な閉塞の仕方をも批判の射程内に置くものとして理解できる。家庭（妻子）のためという在り方が他の家庭の不幸を顧みないように、家（天皇）のためという美辞が他の国家・民族に対し言語に絶する犠牲を強いた記憶はまだぬぐいがたい近さにあった。「エゴイズム」を追求する場合に限らず、家（家庭）にしろ国家・民族にしろ国や個人のアイデンティティ（独自性・境界）を明確にしようとするところにこそ、あらゆる抗争が発生し絶えることがないのが人の世である。《（この日本といふ国号も、変へるべきだと思つてゐるし、また、日の丸の旗も私は、すぐに変改すべきだと思つてゐる。)》(一) とまで言い切る太宰には親子や兄弟が家（家庭）に閉塞することの危機と醜悪さ、ひいては国民意識や民族意識《ナショナリズム》の鮮明化が生み出す惨劇を見据えていたと思われる。太宰治に自己の写し絵を直観した三島由紀夫は、懸命に太宰離れをしようとした結果「裏返しの太宰治」として硬直化して行き、太宰の〈弱さ〉の意義を読み切れぬままあの悲喜劇を演じて果てたということになる。太宰を一刀両断したと思い込んでいた三島こそ、太宰の目に見えぬ刀身でその背骨《バックボーン》に致命傷を負わされていたとも言えよう。

家（家庭）という枠内に閉じたり、民族（国家）に閉塞しがちであるという傾向は、「島国」に住む我々日本人に共通したものと言えよう。とすれば日本人は皆志賀直哉であり、かつまた三島由紀夫（民族的熱狂主義《ファナティシズム》・排外主義《ショーヴィニスム》）に転じやすいということである。つまり太宰の志賀直哉批判は決して他人事《ひとごと》ではなく、我々自身に向けられたものと受け止めねばならないことになる。

> 伝統とか、国民性とよばれるものにも、時として、このやうな欺瞞が隠されてゐる。凡そ自分の性情にうらはらな習慣や伝統を、恰も生来の希願のやうに背負はなければならないのである。だから、昔日本に行はれてゐたことが、昔行はれてゐたゝめに、日本本来のものだといふことは成立たない。
>
> 伝統の美だの日本々来の姿などゝいふものよりも、より便利な生活が必要なのである。京都の

寺や奈良の仏像が全滅しても困らないが、電車が動かなくては困るのだ。我々に大切なのは「生活の必要」だけで、古代文化が全滅しても、生活は亡びず、生活自体が亡びない限り、我々の独自性は健康なのである。（ともに「二、「日本的」といふこと」）

ここまで〈読み〉を進めてくれれば、右の坂口安吾「日本文化私観」（昭17）の困難な闘いはまた太宰のものでもあったことが了解されよう。過去形の「日本本来のもの」（アイデンティティ）を否定しながら現在形の「我々の独自性」（アイデンティティ）を主張する坂口安吾の開かれ方は、また太宰のものでもあったのである。破天荒な生き方という共通するイメージから括《くく》られた「無頼派」という虚名に惑わされなければ、等身大の〈他者〉を持たぬ自己中心主義を排す、あるいは家や国家・民族の自己閉塞を撃つという、貴重な実質を二人が共有していたことが見えてくるであろう。それが見えぬ者たちは、「太宰ファン」か「アンチ太宰」か（「太宰」は何にでも置き換えられる）という〈アイデンティティ〉をめぐる愚劣な抗争に興じているほかない。

注

（1）『現代文学』（一九八六・七）掲載の「高見順素描」を参照されたい。ちなみに「コキュ」は寝取られ男の意味であり、高見順の「感傷」と太宰治の「姥捨」はともにコキュの苦しみが語られている。

（2）本書の「太宰文学の特質」を参照されたい。

（3）「二つの実朝像――小林秀雄と太宰治」（『小林秀雄への試み――〈関係〉の飢えをめぐって』洋々社、一九九四）

坂口安吾

安吾作品の構造――太宰作品と対照しつつ

整序化できない安吾テクスト

自らの安吾観を修正する必要に駆られ、少々大仰な題を付けてみた。『シドク　漱石から太宰まで』（洋々社、一九九六）において安吾作品に臨んだ姿勢に限界を感じるようになり、安吾のテクストを解釈する発想そのものを変更せざるをえないようになったという次第である。振り返ってみれば、安吾を論じようとした頃から既に感じていたことではあるが、安吾作品を対象化しようとする際に感じる一種居心地の悪さという問題である。とにかくスッキリしない。例えば志賀直哉の作品を対象とした時のように、論じ切ったという手応え（前掲書の志賀論参照）が十分に得られない。安吾に関しては自分なりの読みを構築しえたと思っても、残されたものの質量が気になるのである。やっと作品世界を己れの論理で整理できたと思うものの、整序化しきれぬものの影に付きまとわれ続けることになる。思えば前掲書でなんとか論じきった「風博士」「桜の森の満開の下」等は、安吾の中でも整序化しやすいテクストだったということかもしれない。《世界（作品）を覆い尽くす言葉など、あろうはずがない。》（同書の安吾論参照）と自ら断言しておきながら、こと安吾に関しては作品に対してあまりに窮屈な帽子をかぶせてしまったようで自省している。

といっても、ここであらためて旧論の修正版を示そうというわけではない。「真珠」（昭17）を例にとり、同時期の太宰作品と比較しながら安吾作品の特徴的な構造を急ぎ提出しておき、諸賢の批正を仰ぎたいと考える。二〇〇三年の安吾研究会で発表の機会を与えられ、苦しまぎれに「真珠」を通して安吾観を語ったのではあるが、発表者の一人押野武志氏が前振りとして論じていた萩原朔太郎「殺人事件」の分析に感心していたところ、氏から「真珠」と太宰治の「新郎」（昭17）や「十二月八日」（同）との比較を求められて往生した苦い思いを引きずっている。太宰とはご無沙汰がちだったので、この二作の内容を思い出せず比べようがなかったというていたらく。ただ太宰は安吾のテクストとは異なり、簡明な構造だという印象だけを述べたと記憶する。今回あらためて読み直してその感を強くしたのであるが、太宰作品は反転するコンテクスト（悲劇が喜劇に反転するなど）が想定しやすい、という意味では単純なテクストと言えよう。これに対して安吾のテクストは整序化しえぬ複雑な構造をしており、二項対立的な要素は解消されぬまま残されて居心地の悪さとして感じられる、というのが本稿の結語となるはずである。

反転する太宰テクスト

安吾に比べるまでもなく、単純で解りやすいと思われた太宰作品の構造を確認してからと考えたが、右二作品の研究史を見ると太宰の理解の仕方も単一ではないようだ。本稿は安吾論が目的なので、太宰に関しては安吾との偏差を浮かび上がらせるための概略に止めたい。

まずは問題の「新郎」であるが、末尾に括弧書きで《昭和十六年十二月八日之を脱稿す。この朝、英米と戦端ひらくの報を聞けり。》と付されており、この付記が本文の「私」の感銘を根拠付けているると読む読者が多いようである。しかし昭和五年に薬物による心中未遂事件を起こしながらも、作品では必ず入水心中だったと見事な嘘（小説）を提出し続けた（「道化の華」「東京八景」等）太宰という作家の在り方を考えると、末尾の擱筆時を鵜呑みにするのも危ういのではあるまいか？　言うところは《大戦勃発発表が国民に与えた衝撃というものの凄さを厳正に把握しないで、その衝撃におしだされるようにして書かれた太宰治の諸作品を迎合・抵抗という二極で語るのはいかにも片手落ちである。》（奥出健『太宰治全作品研究事典』「新郎」勉誠社、一九九五）という明察には賛意を惜しまないながら、《開戦の日の感動と緊張とを描いた作品である》（同）と断じるのもあっさりしすぎて「片手落ち」ではないかということである。奥出氏は《「十二月八日」のように妻に語りを仮託する余裕もなく、まさしく作家の「私」の生の言葉として》（同）の表白を「新郎」に読むことで、「新郎」と「十二月八日」との決定的差異を強調するという問題提起へと進む。十分検討に価する貴重な指摘ではあるが、太宰の本音も作品の真意もともに明快であり、テクストはそのカムフラージュぶりを読んで楽しむものだとする私見の変更にまでは及ばなかった。太宰の戦争期作品に対する私の固定イメージは、今のところ動かしがたい。

美知子夫人の証言を根拠にして、作中の「私」のけなげな思いを太宰自身のものと読む論もあったが、それも危うかろう。たとえ本人のものであろうが、作品以外の言説をストレートにテクスト解釈に持ち込むことも誤読のもと。テクストは作者の意図どおりに実現するとは限らない、というのは常識のはずである。むろん、テクスト中で「私」が「太宰治」を名のるから「私」の思いは太宰自身のものだ、という類の初歩的な短絡は論外とする。

ここでは原則どおり、テクストそのものの読みに徹することから始めたい。

子供の寝顔を、忘れないやうに、こつそり見つめてゐる夜もある。見納め、まさか、でも、それに似た気持もあるやうだ。この子供は、かならず、丈夫に育つ。私は、それを信じてゐる。なぜだか、そんな気がして、私には心残りが無い。外へ出ても、なるべく早く帰つて、晩ごはんは家でたべる事にしてゐる。食卓の上には、何も無い。私には、それが楽しみだ。何も無いのが、楽しみなのだ。

「我慢するんだ。なんでもないぢやないか。米と野菜さへあれば、人間は結構生きていけるものだ。日本は、これからよくなるんだ。どんどんよくなるんだ。いま、僕たちがじつと我慢して居りさへすれば、日本は必ず成功するのだ。僕は信じてゐるのだ。新聞に出てゐる大臣たちの言葉を、そのまま全部、そつくり信じてゐるのだ。思ふ存分にやつてもらはうぢやないか。いまが大事な時なんださうだ。我慢するんだ。」

書斎には、いつでも季節の花が、活き活きと咲いてゐる。けさは水仙を床の間の壷に投げ入れた。ああ、日本は、佳い国だ。パンが無くなつても、酒が足りなくなつても、花だけは、花だけは、どこの花屋さんの店頭を見ても、いつぱい、いつぱい、紅、黄、白、紫の色を競ひ咲き驕つてゐるではないか。この美事さを、日本よ、世界に誇れ！（傍点引用者）

花以外には「何も無い」物不足の日本の貧しい状況を「楽し」んだり「誇れ」たり、ここまで露骨に強調されると反語・皮肉としか受け取れなくなる。ひたすら「我慢」して見せたり、「日本は、佳い国だ。」と言いきる不自然さに着目すれば、反転したコンテクストが浮上してくるというものである。「信じてゐる」を安売りのように連発するのは不信の証であり、信じられないからこそ何度も言表するのであろう。過剰にくり返されることによって、「信じる」という言葉は稀薄になっていく。ましてや日米開戦当時の高揚を共有していない今日から見れば、空々しく響くばかりである。語り手の「私」自身は興奮に駆られて例になく神妙になり、冒頭から「一日一日を、たつぷりと生きて行く」決意をくどいほどくり返しているが、くどさは白々さへと通じていくばかりである。

以下、作家レベルでの話になるが、この「私」の感慨に太宰の本心が込められていないわけではない。仕事の邪魔になりかねない学生達を面会謝絶するために、この「けふ一日を、十分に生きる事」

と言い訳する「私」には、取り巻きを敬遠したがっている太宰の本音が透けて見えるようでもある。しかし作家レベルの興奮は一過性のものに止まり、冷静さを取り戻した時点で「私」を以下に見られるような、戯画的とも見える視点で造型していると考えられる。

私は、このごろ、どうしてだか、紋服を着て歩きたくて仕様がない。けさ、花を買つて帰る途中、三鷹駅前の広場に、古風な馬車が客を待つてゐるのを見た。明治、鹿鳴館のにほひがあつた。（略）私は此の馬車に乗つて銀座八丁を練りあるいてみたかつたのだ。鶴の丸（私の家の紋は、鶴の丸だ）の紋服を着て、仙台平の袴をはいて、白足袋、そんな姿でこの馬車にゆつたり乗つて銀座八丁を練りあるきたい。ああ、このごろ私は毎日、新郎《はなむこ》の心で生きてゐる。

作品末尾のこのはしゃぎぶりが唐突で、少々不可解な感は否めない。興奮が過ぎて「私」の筆（口）がすべったということか。津島家の家紋である鶴の丸にまで言及する太宰の筆は、不用意に書き過ぎている印象は否定しがたい。

いほり。／沢潟《おもだか》。／鶴の丸。／紋どころはなほ、人のこころの／根ぶかい封建性のかげに／おくふかく／かゞやく。

（「一」の最終聯）

日本よ。人民たちは、紋どころにたよるながいならはしのために、虚栄ばかり、／ふすま、唐紙のかげには、そねみと、愚痴ばかり、／じくじくとふる雨、黴畳《かびだたみ》、……黄疸どもは、まなじりに小皺をよせ、／家運のために、銭を貯へ、／家系のために、婚儀をきそふ。（「二」の最初の聯）

（金子光晴『鮫』昭12、所収）

周知の「紋」の一節である。むろん金子の放った日本人の心性批判は太宰のものではない。「新郎」の末尾は、したがって欧化主義の表象である鹿鳴館を顕在化して、日本主義を批判するような発想には繋《つな》がらない。あえて実家の紋所にこだわりを見せるのは、時局ならぬ自家への迎合と見えて、反面では戯画と連動した自虐とも読める。むろん「私」レベルでは自虐は想定しにくいので、作者レベルにおけるそれである。一過性の感動（本音）を含みつつ時局に同調しているように見せながら、コンテクストでは抵抗の姿勢が読みとれる不在証明《アリバイ》作りが意図されている、というのが現時点での私見である。テクストが抱え込んだこの二重構造は巧妙に仕組まれた結果として生じているのであり、これを迎合・批判の二元論で割り切ろうとすること自体に無理がある。二重構造と捉えさえすれば、太宰のテクストは簡明ですっきりしており、安吾のようなノイズは残らない。面従腹背こそが戦争期に限らぬ太宰の戦略だと言えよう。

安吾テクストのノイズ

僕はラヂオのある床屋を探した。やがて、ニュースが有る筈である。客は僕ひとり。頬ひげをあたつてゐると、大詔の奉読、つゞいて、東条首相の謹話があつた。涙が流れた。言葉のいらない時が来た。必要ならば、僕の命も捧げねばならぬ。一兵たりとも、敵をわが国土に入れてはならぬ。

（「真珠」）

この作品には三好達治や平野謙等の実名が現れつつ、「僕」が安吾その人であるという誘導をしているようではあるが、むろんその種の短絡は危険である。さりとて「僕」を安吾と全く重なる所のない人物と解釈するのも誤りと言わねばなるまい。「僕」は安吾であって安吾ではない、などと言うと小林秀雄の口真似のようではあるが、そう押さえておくのが実情に近かろう。太宰の「十二月八日」では《マレー半島に奇襲上陸、香港攻撃、宣戦の大詔、園子を抱きながら、涙が出て困つた。》とあるとおり、落涙しているのは「ただ真面目なばかり」の妻の方であり、夫の作家はアリバイを保証されているが、「真珠」ではラジオを聴いて落涙している「僕」の感動は、そのまま作者のものでもあろう。開戦の緊張と感銘は国民一般のものだったのであり、《支那を相手の時とは、まるで気持がちがふのだ。本当に、此の親しい美しい日本の土を、けだものみたいに無神経なアメリカの兵隊どもが、のそのそ歩き廻るなど、考へただけでも、たまらない。》（「十二月八日」）と語る妻の心情は当時の一般大衆のみならず、知識人達にも共有されていたものであろう。内心では歓迎していなかった中国侵略が泥沼化していく暗雲が、欧米を相手とする戦端が開かれることによって吹き払われ、人々に心理的な救済をもたらしたという経緯による。「真珠」の「僕」も心底から揺り動かされた感銘をストレートに表白しているのであって、その率直さは開戦から半年を経ても変わらぬ安吾のものでもあろう。しかし「ただ真面目なばかり」の妻の感動と、それを茶化（相対化）し続ける結果となっている夫とが共々補完し合っているのが太宰の作品であり、そのような屈折した在り方と「真珠」というテクストの複雑さとは別物である。

「真珠」においては、「僕」が特殊潜航艇によって真珠湾攻撃に参加した「あなた方」に対する心底からの感動を表明しながらも、作品はその感動へと収斂していかない。「あなた方」に対する手放しの賞賛とは相容れない異様なノイズが入るのである。ガランドウの存在がそれであり、「僕」とガランドウとは「十二月八日」の妻と夫のような補完関係には全くない。

　ガランドウの店先へ戻ると、三十間ばかり向ふの大道に菓子の空箱を据ゑ、自分の庭のやうに大威張りで腰かけてゐる大男がゐる。ガランドウだ。オイデ〱をしてゐる。行つてみると、そのお菓子屋にラヂオがあつて、丁度、戦況ニュースが始まつてゐる。ハワイ奇襲作戦を始めて聞いたのが、その時であつた。当時のニュースは、主力艦二隻撃沈、又何隻だか大破せしめたと言ふのであるが、あなた方のことに就ては、まだ、一切、報道がなかつた。このやうなとき、躊躇なく万歳を絶叫することの出来ない日本人の性格に、いさゝか不自由を感じたのである。ガランドウはオイデ〳〵をしてわざわざ僕を呼び寄せたくせに、当の本人はニュースなど聞きもしなかつたやうな平然たる様子である。菓子屋の親爺に何か冗談を話しかけ、それから、そろそろ二の宮へ行くべいか、魚屋へ電話かけておいたで、と言つた。

先の一節に続く引用であり、「僕」が万歳を叫びたくなるような高揚の中にいるのに反し、ガランドウはそれを共有せずに距離を置いているように見える。作者の意図は量りがたいが、ガランドウの存在はテクストが「あなた方」に対する賞賛に一元化する妨げとなっているのは否定しがたい。安吾自身が意図したとも思えないのに（あるいは安吾としては一元的な物語を語ろうとしたにもかかわらず）、テクストが一極に収束して行かないのが安吾作品のスキゾフレニア（分裂症）的な特徴であり、座りの悪さを印象づけていると考えられる。

ガランドウの活躍は続く。

国府津でバスを乗換へて、二の宮へ行く。途中で降りて、禅宗の寺へ行つた。ガランドウの縁りの人の墓があつて、命日だか何かなのである。寺の和尚はガランドウの友人ださうだ。ガランドウは本堂の戸をあけて、近頃酒はないかね、と、奇妙な所で奇妙なことを大きな声で訊ねてゐる。本堂の前に四五尺もある仙人掌《さぼてん》があつた。墓地へ行く。徳川時代の小型の墓がいつぱい。ガランドウの縁りの墓に真新しい草花が飾られてゐる。そこにも古い墓があつた。ガランドウは墓の周りのゴミ箱を蹴とばしたり、踏みにぢつたりしてゐたが、合掌などはしなかつた。てんで頭を下げなかつたのである。（略）二の宮では複々線の拡張工事中で、沿道に当つてゐたさる寺の墓地が買収され、丁度、墓地の移転中なのである。ガランドウはそこが目的であつたのだ。（略）ガランドウは骨の発掘には見向きもしなかつた。掘返された土の山を手で分けながら、頻りに何か破片のやうなものを探し集めてゐる。ここは土器のでる場所だで、昔から見当つけてゐたゞがよ、丁度、墓地の移転ときいたでな。ガランドウは僕を振仰いで言ふ。

ガランドウが「てんで頭を下げなかつた」のは墓に対してだけでなく、「大詔の奉読」や「首相の謹話」等すべてのものに敬意を払うことなく、もっぱら酒や土器の趣味の世界に生きているように見える。日本海海戦を連想して「天気晴朗なれども波高し」と高揚抑えがたい「僕」と対照すると、東海道の様子と同じく「まつたく普段に変らない」ガランドウの姿が際立ってくる。もっともその「僕」も目的地である二の宮の魚屋の店先でガランドウと二人焼酎に酔い、通りがかりの主婦のヒンシュクを買っている。その不謹慎ぶりを半年後の回想で「あなた方」と対比して語ることになる。

十二月八日午後四時三十一分。僕が二の宮の魚屋で焼酎を飲んでゐたとき、それが丁度、ハワイ時間月の出二分、午後九時一分であつた。あなた方の幾たりかは、白昼のうちは湾内にひそみ、冷静に日没を待つてゐた。遂に、夜に入り、月がでた。あなた方は最後の攻撃を敢行する。

「あなた方」との心理的距離の大きさが「僕」の感動を増幅しているのであり、了解不能な行為に「非情」等の言葉をかぶせたりしつつ、自分なりの納得の仕方をしようとする。自己の根底から揺り動かされながらも、理解不能なままで放置するのは落ち着かないからである。それはあたかも、安吾のテクストを前にした我々読者が置かれる立場に似ている。もっとも国のために死ぬという「あなた方」の心理は、安吾作品とは異なり単純簡明ではある。理解しがたいのは「あなた方」の心理ではなく、「死」を覚悟することができているという事実であろう。「僕」が終始「死」を主題化して語るのも、「畳の上の甘さ」から脱けがたい「僕」にとって、自ら進んで死ぬことができるということが不可解なゆえである。国のために命を捧げることに感動しているのではない、近い将来の死を前提として生きることができるという「超人」的な在り方が、想像を絶していて了解不能なのである。[2]

あなた方は、汗じみた作業服で毎日毎晩鋼鉄の艇内にがんばり通して、真珠湾海底を散る肉片などに就ては、あまり心を患はさなかつた。生還の二字を忘れたとき、あなた方は死も忘れた。まつたく、あなた方は遠足に行つてしまつたのである。

「あなた方」との絶対的な距離はそのまま放置されたまま、「まるで遠足に行くやうだ」という言葉が「僕」の中に反響しながら右の結語に至るわけである。「心を患はさ」ずに「死も忘れ」た「あなた方」の行為は、子供の遠足に重ねられて理解されることによって、その無私・無葛藤ぶりが強調されることになる。読みようによっては「あなた方」の内面の淡泊さがその空虚さを、すなわち内面の〈ガランドウ〉状態を示唆しているとも読めてくる。つまりは「真珠」というテクストは二つの〈ガランドウ〉（空虚）という極の間で「私」が浮遊する、という読み方の可能性を孕んでいるということである。もちろんそうした批評意識を作家が抱え込んでいたというつもりはない。あくまでも作家の意図を超えた読みの可能性、という次元の問題である。

本稿の主旨に戻ってくり返しておけば、太宰のテクストは時局に迎合しているように見せながら、そのコンテクストには得意の〈分身〉の術によって抵抗の姿勢が読み取れるようなアリバイ作りが意図されている。テクストの二重構造は仕組まれた結果として生じたものである。一方の安吾のテクストにおけるノイズの共存は作家の計算から外れた現れ方をしており、それが収束点を持たぬまま投げ出されているものの、テクストそれ自体は巧妙に着地して閉じられる。例えば「風博士」や「紫大納言」・「桜の森の満開の下」のように、中心人物が消え去ることによってテクストが抱え込んでいた葛藤が消滅したかのように思わせる手口がそれである。読者がそこで立ち止まっている限り愉楽を味わっていられるが、ひとたび消えることの意味を探り始めるや、我々は地図に描きようがない迷路の中に封じられることになる。まことに居心地の悪いテクストというほかない。

小林秀雄と安吾

安吾と太宰の小説の構造の差異という課題に関しては意を尽くしたと考えるので、開戦時の感動という問題について補足しておきたい。次の引用は誰のものと思われるだろうか？

「帝国陸海軍は、今八日未明西太平洋に於いてアメリカ、イギリス軍と戦闘状態に入れり」

いかにも、成程なあ、といふ強い感じの放送であつた。一種の名文である。日米会談といふ便秘患者が、下剤をかけられた様なあんばいなのだと思つた。僕等凡夫は、常に様々な空想で、徒らに疲れてゐるものだ。（略）

何時にない清々しい気持で上京、文芸春秋社で、宣戦の御詔勅捧読[3]の放送を拝聴した。僕等は皆頭を垂れ、直立してゐた。眼頭は熱し、心は静かであつた。畏多い事ながら、僕は拝聴してゐて、比類のない美しさを感じた。やはり僕等には、日本国民であるといふ自信が一番大きく強いのだ。

（「三つの放送」『文芸春秋』昭17・1）

小林秀雄の全集・単行本には未収録の発言である。〈作品〉とは言いがたいので「発言」と呼んでおく。二〇〇三年の昭和文学会秋季大会の小林秀雄特集のシンポジウムで、パネリストの一人細谷博氏がこれを紹介しつつ「立派な文章」という評価を下した。急遽代役としてパネリストを引き受けていただいたにもかかわらず、さすがに有能な小林研究者である氏は、他にも種々の刺激的な問題提起をしてシンポジウムを盛り上げてくれたのではあるが、「立派な文章」という評価付けに対してはそれ以来異和感を抱き続けている。安吾と太宰の比較という主題にも沿いつつ、開戦時の小林の発言に対する私見をここに付しておきたい。

結論から明かしておけば、「三つの放送」はとても「立派な文章」と呼べるシロモノではなく、軽い気持で書き流したためか、文体が小林の作品とは思えないほど緊張感・緊密さに欠けている。生前の小林が雑誌発表のままで再録しなかったのも十分にうなずける。収録を避けたのは、開戦の放送を「一種の名文」とまで呼んでいるやましさを伏せたかったのではなく、それ以前に〈作品〉とは認めがたかったからであろう。書くことで口を糊する者としての文章ではない、と判断したためのはずである。

ともあれ開戦放送を「一種の名文」と感じたのも、宣戦捧読に目頭を熱くしたのも嘘偽りのない小林の真情であったろうと思われる。「真珠」の「僕」や「十二月八日」の妻の気持と何ら変わるところが無いと言ってよい。変わるところが無いのは、小林が一人の「凡夫」や「日本国民」としての立場で語っているからである。[4] 知識人の眼で状況を〈見る〉（分析する）のではなく、〈見えない〉大衆の立場で事態を受け止めているのである。それは日中戦争が勃発して以来の小林の姿勢であった。左右の知識人がそれぞれの「言葉」（観念・イデオロギー）に閉塞していた時に、「言葉」を持たない大衆のレベルに自己を定位しようとした小林の在り方は、《言葉のいらない時が来た》と感じる「真珠」

の「僕」の姿に重なってくる。もちろん「十二月八日」の妻の位置にも共通するのであるが、太宰作品ではアリバイを持つ夫が作家自身を安全地帯にかくまっている。

太宰治を排除しつつ安吾と小林をくくるものの一つは、左翼運動体験の有無である。一跳びに己れをインターナショナルな革命という「言葉」につなごうとする短絡に足をすくわれることなく、《喜んで国の為に死ぬ》（小林）《必要ならば、僕の命も捧げねばならぬ》（安吾）という大衆次元で発想する共通点である。これは逆に言うと、安吾や小林には国家を対象化して捉える観点が根本から欠落している、ということになるのではあるが……。

かつて現実の世界を改変しようとした者が状況を〈見る〉眼を保持し、それ故にこそ左翼体験を持つ太宰の作品が面従腹背という構造をとったと言えるのか？　革命運動の洗礼を受けていない文学者は、国家を対象化する視点が欠落しているが故に、非常事態になると大衆レベルの反応が前面に出てしまうのか？　興味は尽きないが問題はあまりにも大きい。稿を閉じるに越したことはない。

注

（1）「ぢっと」とあるべきところであるが、太宰の書き癖としてそのままにした。

（2）花田俊典の「超人と常人のあいだ」（『坂口安吾生成』白地社、二〇〇五）を読みながら故人を偲んだ。というより、読みながらシュンテンとの対論が始まってしまい、未だにその死が受容しきれないでいるようだ。『太宰治のレクチュール』の書評（『国文學』一九九九・一）に書いたとおり、〈読む〉と〈調べる〉の両方に卓越した稀に見る研究者であることを改めて再確認した。「真珠」の〈読み〉に関しては、以下のような相変わらず歯切れの良い断案に共感しつつ、己れの論考を補強されたようで励まされた。

《坂口安吾のいる場所は、いわば好戦／反戦といった枠組のなかにはない。》

《坂口安吾は〈死〉をキイ・ワードにして、〈超人〉と〈常人〉のあいだを考えてきたのであったといえるかも知れない。》

（3）引用した「真珠」では「奉読」であるが、ここでは原文のままにした。

（4）詳細は拙著『小林秀雄への試み――〈関係〉の飢えをめぐって』（洋々社、一九九四）の第四章「〈私〉の仮構線」を参照されたい。

何やらゆかし、安吾と鷗外——「白痴」・「二流の人」など

柄谷行人の〈作家〉

坂口安吾と森鷗外、もう一人柄谷行人と付け加えてみたい気がしている。なにやら興味深い結論が導き出されてくる予感で心ときめくが、そこまで深入りする余裕はない。日本の批評文学史の主線で言えば、小林秀雄が切り拓いたものを吉本隆明・江藤淳の二人が分化しつつ継承・進展させ、それを新たに統合しながら独りで受け継いで飛躍させたのが柄谷だというのが私の理解である。蓮實重彦を位置づけるとすれば、小林秀雄から出た支線としての中村光夫・篠田一士というつながりを考えれば、蓮實はこのラインで押えることができよう。蓮實は柄谷同様に批評史上画期的な展開をもたらしているが、あくまでも傍系と言わざるをえない。それは蓮實重彦の業績が柄谷行人に及ばないというのではなく、日本文学史の流れの主筋が小林から柄谷へというラインで形作られているということである。私（達）は柄谷の評文から彼の〈肉声〉を聞き取ることができるが、蓮實重彦の文章から聞こえてくるのは機械による合成された音声であっても、決して〈肉声〉ではない。もちろん、それが蓮実の批

評の欠点だというわけでもない。
《作品が作家をつくるとヴァレリーはいったが、私はやはり作家というものを切りはなして作品を論ずる気にはなれない。》とは、柄谷が鷗外の歴史小説を論じた「歴史と自然」（『意味という病』一九七五）の冒頭の一文である。ヴァレリーのフレーズは小林秀雄がくり返し引用したものだが、[1] 小林がこだわった「作家の顔」[2]は紛れもなく柄谷に受け継がれている。蓮實重彦が破砕したのがこの「作家の顔」であるのは言うまでもない。蓮實はフランス直輸入の文学観に全面的に依拠しつつ、日本文学の主線をまさに根底から批判した存在感ある傍系なのである。

いきなり脱線してしまったが、戦後批評史を語る場ではなかった。私にとって、安吾と鷗外という意外な組み合わせを媒介したものが、実は柄谷行人だということから始めたかっただけである。安吾に対し人並み程度の興味しかなかった頃、柄谷の気合いの入った安吾論に接して不思議な気がしたのを忘れない。取り合わせがいかにも奇妙だったのである。柄谷の書くものは例外なく面白く、安吾論も十分刺激的ではあったが、なぜ安吾なのかは不透明なまま問いとして残っていた。暫くしてナルホドと思えたのは、柄谷が自身と安吾との「類似性」を語った次の発言によってである（インタビュアは関井光男氏）。

安吾は二十一歳の時に鬱病になってむちゃくちゃに語学をして治ったというのですが、僕もだいたいそういう経験があったのです。（略）半年位は聞くのも、書くのも、読むのも全部英語でやるというような勉強をしたんです。（略）何も考えられないから語学をやったのです。しかし、いつの間にか二、三年ごしの鬱状態が治っていた。
（『解釈と鑑賞』一九九三・二）

ほんの一部の引用に止まるが、実に興味深い柄谷の〈肉声〉を聞くことができる。論じる対象との〈へソの緒〉つながりにこだわる一昔前の批評・研究の流れを強調しようとするのではないながら、なぜ安吾なのかが納得できたのである。

もう一つ「柄谷がなぜ？」と思わせた論がある。先述の「歴史と自然」がそれであるが、発表当時だれも柄谷が鷗外を論じることなど想像できなかったはずである。鷗外論を漁っていた学生の頃、群を抜いて面白かったのは山崎正和『鷗外　闘う家長』（河出書房新社、一九七二）とともに柄谷のこの論であった。まさに核心を突いた論考で、感服という言葉が当てはまる記憶として明瞭に残っている。ともあれ何ゆえ柄谷が鷗外を、それも歴史小説を取り上げたのかは未だに謎のままであるが、柄谷の論考はやはり〈肉声〉が響いていた初期のものが批評家らしくて良いと思っている。その後は知識依存に傾いて代替可能な存在になっていくようで、インパクトが弱まる印象なのが惜しまれる。ブッキッシュな批評・研究なら、掃いて捨てたいほど溢れているから。

鷗外の「精神の形態」

最近、志賀直哉と対照させながら太宰文学の特質を考える機会を得たのだが[3]、志賀や太宰の文学における〈主人公・他の人物・語り手・作者・作家〉それぞれ相互の〈同一化〉志向の強さに、日本的心性を改めて痛感したものである。〈同一化〉の連鎖を検討する際に、漱石の行程をたどってみたのであるが、「明暗」の苦闘にこの〈同一化〉の連鎖を断ち切ろうとした痕跡を見出した思いだった。主役的な津田が受ける相対化のされ方は、それ以前の日本文学では考えられないものである。そこには確かに互いに〈同一化〉しえない〈他者〉の存在感があり、主人公以外の〈他者〉の声に満ちた多元的な世界が構築されている。志賀直哉に典型される日本近代文学一般とは異なり、中心人物に一元化されていない在り様は無類のものであり、今さらながらの驚きであった。

「明暗」の多元的世界に関連して想起されたのが、柄谷の鷗外論であった。屈辱に堪えがたい小倉左遷の当日、新橋駅で見送ってくれたのが乃木希典であり、その旧友の殉死に深く動かされた鷗外が一気呵成に「興津弥五右衛門の遺書」（大1）を書きあげたのは周知であろう。柄谷もここから始めている。

> 疑いなく鷗外は初稿を、乃木殉死に関する解釈として書いたのである。したがって、初稿には明確な主題があり、またパセティックな緊張感がある。

ところが、改稿ではそういう緊迫感はなく、雪明りの下でひとり切腹するという低く抑えられてはいるがその分だけ輝かしい情念の形態が、晴れがましく栄誉ある死によってすっかり帳消しにされている。もはや乃木将軍を類推させる余地はなく、作品の主題もあいまいになってしまっている。（Ⅰ）

改稿には「纏まり」がなく、事件が一つの中心（主題）に収斂されるかわりに拡散している。それは読み手の感情移入を拒むし、乃木殉死の解釈を読もうとすることも許さない。たとえば、改稿において鷗外は、弥五右衛門の子孫の消息にまで言及している。先祖に関する言及も初稿に比べて格段にくわしい。（Ⅱ）

鷗外を読んでいて誰しもが感じるであろう異和感が、きわめて分かりやすい言葉で鮮やかに捉えられている。柄谷の見事な論評に異を唱える気はないながら、私は柄谷も言うところの、鷗外特有の「精神の働き」・「精神の形態[4]」という考え方から脱することができない。あるいは柄谷が論から除外している、「鷗外という個人の秘密」に囚われたままでいると自覚しながらの偏見である。鷗外には強力なバランス感覚が具わっていて、情念に駆られて一方に傾いてもすぐに傾きを元に戻す「精神の働き」が起動し、常に平衡を保とうとしているというのが学生時代から変わらぬ鷗外観である。

「柁を取る」

そうした鷗外の「精神の形態」を表象するのが、しばしば作品に現れる「柁を取る」という言葉である。[5]

「先づお国柄だから、当局が巧みに柁を取つて行けば、殖えずに済むだらう。併し遣りやうでは、激成するといふやうな傾きを生じ兼ねない。その候補者はどんな人間かと云ふと、あらゆる不遇な人間だね。先年壮士になつたやうな人間だね。」（「食堂」明43）

「食堂」はいわゆる「あそび」の木村物で、大逆事件を視野に入れつつ、鷗外の分身である木村に無政府主義についての考えを語らせたものである。冤罪によって幸徳秋水達を死刑に処した権力側の行き過ぎに危惧を抱いた鷗外（木村）ではあるものの、民権運動の壮士や革命運動の闘士達が放つ情念の過剰さは、権力側の暴走同様に危険極まる苦々しいものであった。しかし鷗外にとっては、全てがせいぜい「柁」の取り方しだいで何とか善導できる、と楽観して語れる程度の認識に止まっている。むろん鷗外の思考が時代的な制約の枠内にあることと、生来の「家長」としての保守的な傾向を考慮に入れなければなるまいが。

ともあれ鷗外の場合は、そもそも文壇デビュー作「舞姫」（明23）における、エリスに対する豊太郎の煮え切らない姿勢から始まり、文壇復帰第一作の「半日」(明42)における母と妻との間で「柁を取る」ことに汲々としている高山博士の在り方を想起すると、「興津弥五右衛門の遺書」初稿のパセティックな調子を改稿によって脱臼させ、テクストの「纏まり」を失くしてしまう豹変ぶりも理解しやすい。自失したままエリスに深入りしていく豊太郎を押し止め、国家に回帰させていく友人・相沢謙吉を登場させた「舞姫」の手口がくり返されているわけである。そこには処世術にも堕しかねない、鷗外の絶妙な〈平衡感覚〉という「個人の秘密」が指摘できると考える。例えば柄谷が言及している「護寺院原の敵討」(大2)にしても、仇討ちの貫徹を目差す弟の九郎右衛門(や娘のりえと従者の文吉)に対して、合理性の観点から疑義を抱いて袂を分かつ長男の宇平にも焦点が当てられ、九郎右衛門達を相対化するところにもこの〈平衡感覚〉が見て取れる。二人のやりとりの会話だけを引用してみよう。

「をぢさん。わたし共は随分歩くには歩きました。併し歩いたつてこれは見付らないのが当前かも知れません。ぢつとして網を張つてゐたつて、来て掛かりつこはありませんが、歩いてゐたつて、打つ附からないかも知れません。それを先へ先へと考へて見ますと、どうも妙です。わたしは変な心持がしてなりません。」

「さうか。さう思ふのか。よく聴けよ。それは武運が拙くて、神にも仏にも見放されたら、お前の云ふ通だらう。人間はさうしたものではない。腰が起てば歩いて捜す。病気になれば寝てゐて待つ。神仏の加護があれば敵にはいつか逢はれる。歩いて行き合ふかも知れぬが、寝てゐる所へ来るかも知れぬ。」

「をぢさん。あなたは神や仏が本当に助けてくれるものだと思つてゐますか。」

「うん。それは分からん。分からんのが神仏だ。」

「さうでせう。神仏は分からぬものです。実はわたしはもう今までしたやうな事を罷《や》めて、わたしの勝手にしようかと思つてゐます。」


一見不合理とも思える九郎右衛門達の敵討行を描く一方で、合理的な宇平の疑念を対置して偏らないのが鷗外テクストの在り方である。鷗外が依拠した資料「山本復讐記」[6]では、宇平は九郎右衛門に対して直接の反論はせず、翌日叔父には黙って単独行動に走る。仲間《ちゅうげん》の文吉に託された叔父への伝言として、三人一緒に捜すよりは別行動で捜すという理屈は付せられている。資料を改竄してまでも仇討を一元的に描こうとはしない鷗外の露骨な手付きは、「興津弥五右衛門の遺書」の改稿を想起させるところである。言うところは鷗外のテクストが「中心（主題）」を欠いている原因は、作家論的に回収しやすいということであり、「個人の秘密」には還元しがたい安吾の場合とは根本的に異なると思われる。結論が先になってしまったが、鷗外テクストが「中心」を欠いているとすれば、それは自覚の度合は異なるにしろ意識的になされた結果なのであり、安吾の場合は意識の統御を脱してテクストが勝手に「拡散」して行くのであって、安吾の解りにくさはそこに由来するということである。

「つかまえ切れない」安吾テクスト

さて先に引用した柄谷の論考は、文脈を無視してその言葉だけを抽出すれば、本書収録の「安吾作品の構造」の趣旨に言い換えられる。比較対照した太宰の「十二月八日」(昭17) にはコンテクストとして厭戦・反戦という「明確な主題」を読み取ることが可能である。一方の「真珠」(昭17) には特殊潜航艇で真珠湾の海底に散った「あなた方」がもたらした「私」の感動が語られつつも、土器の趣味に傾くガランドウの非戦的な言動も並列して語られる。「私」の感動が揺るぎない「中心」として位置しているわけではなく、ガランドウの存在によって作品の「主題」があいまいになってしまっている、というのが私解である。それが安吾の意図だとは読めない点も、〈語り手〉と〈作者〉の連鎖を断っていて太宰とは異なっている。「真珠」に限らず、安吾のテクストは〈作者〉の意図も「明確な主題」も読みにくいのが一般である。旧著『シドク　漱石から太宰まで』(洋々社、一九九六) で「風博士」や「桜の森の満開の下」について私読を提示しえたと思った時はそれに気付かず、その後はむやみに「明確な主題」を求めて安吾テクストの森をさまよったものである。それにしても自分なりに読み切ったと思った「風博士」や「桜の森の満開の下」に関する論考の多さが、読みの多様性を生むという点で、安吾テクストの難解さを表している。未だに主要な作品しか読んでいないにもかかわらず、安吾テクストの不可解さを強調しすぎているように見えるであろうが、安吾の専門家達からもときおり悲鳴のような言葉が聞かれる。

今回のフォーラムには「捕まえろ！　飛翔する安吾を！」というサブタイトルがついていますが。本当に安吾はなかなかつかまえ切れない。

（『坂口安吾論集Ⅲ』ゆまに書房、二〇〇七）

「坂口安吾生誕百周年記念フォーラム」における司会者・加藤達彦氏の発言であるが、安吾は「つかまえ切れない」という認識は広く共有されているようでいささか安心した。

「白痴」をめぐる愚論と卓論

私の場合「つかまえ切れない」ので論が「書けない」安吾作品の中で、もっとも著名なのは「白痴」（昭21）である。いつ読んでも分かった気がしないながら、それなりの感銘を覚えて興味を惹かれるので読み返しはするものの、腑に落ちたためしがない。「白痴」は石川淳「安吾のゐる風景」（昭31）のように「戦後最初の傑作」だと言い切るほどの評価はできないながら、庄司肇『坂口安吾』（南北社、一九六八）のようにテクストが読めないゆえに「失敗作」として斥けるのもあまりにオバカが過ぎる。いち早い同時代評として平野謙「小説月評」（昭21）が、作品に「溷濁《こんだく》」があるゆえに「傑作になりそこねた力作」と断じているのは素直な印象であろうし、さすがに的確な批評だと思われる。「溷濁」は先述した一元的な読みに集約しがたいということにつながるであろうし、「白痴」の不可解さが（時代背景の違いなどに由来するのではなく）テクスト自体に原因があることを明かしている。一元的といえば、「無頼文学の系譜」（『解釈と鑑賞』一九七〇・二）という特集号における千葉宣一氏の「白痴」論が、短いながら犀利で要を得ている。

作者自身が創作の全過程を通して、明確に自覚された一元的な主題を追究していたわけではない。従来の自然主義や私小説におけるリアリズムの伝統的な小説観から、主題の解明を志向する限り、ついには、主題喪失の結論しかでてこない、小説の美学を異にした作品なのである。

千葉氏が言うとおり、安吾は「一元的な主題」を意識して書いたことは無かろうし、それ以上に「主題」という考え方そのものを自覚したことも無いということであろう。「伝統的な小説観」とは異なる「小説の美学」にまで論を進める千葉氏の視野の広さ・理解の深さは刺激に満ちており、先の拙稿（注3参照）で論及した主人公から作家までの〈同一化〉の連鎖という、日本的心性を断ち切った安吾像に重なるようでもあり心強い。

ともあれテクストを読まねば始まらない。

伊沢の振幅

その家には人間と豚と犬と鶏と家鴨《あひる》が住んでゐたが、まつたく、住む建物も各々の食物も殆ど変つてゐやしない。物置のやうなひん曲つた建物があつて、階下には主人夫婦、天井裏に母と娘

が間借りしてゐて、この娘は相手の分らぬ子供を孕んでゐる。(61)[7]

半世紀以上経った現在から見ても、強烈なインパクトを失っていない出だしである。人間が豚を始めとする動物達と差異化されていないので、人間という中心を失った場がいきなり提示される衝撃である。「ひん曲つた」のは目に見える建物だけではなく、視覚化されない倫理も歪曲しており、住んでいる娘が父親を特定できない子供を孕んでも不思議と感じさせない。この背徳的な娘の在り方は、肉体の歓びのみに浸る白痴の女に通じていて、後の白痴女の登場をスムースにしている。

生きていく上での中心となるべき倫理が欠落したのは、戦争という極限状況のためかと伊沢ならずとも考えるところだが、家主の仕立屋は《このへんぢや、先からこんなものでしたねえ、と仕立屋は哲学者のやうな面持で静かに答へる》(63)のである。「哲学者のやうな面持ちで」かつ「静かに答へる」ように伊沢が受け止めるのは、この脱倫理化・非中心化された生の場になじめていないのは伊沢だけであり、他の住民には当たり前の日常になっていることを示している。伊沢は職場においてのみならず、生活の場においても周囲とは価値観・世界観を異にする異端の徒なのである。物語が展開しても伊沢のスタンスに変化が現れることはない。したがって後述のとおり、伊沢は二極間で大きく揺れ続けるだけで、自己決定することはない。

停車場の周囲の枕木の垣根にもたれて休んでゐるとき、今朝は果して空が晴れて、俺と俺の隣

に並んだ豚の背中に太陽の光がそゝぐだらうか、と伊沢は考へてゐた。あまり今朝が寒むすぎるからであつた。（85）

テクスト末尾で「豚」と呼ばれているのは白痴女であるが、伊沢の意識の中で一時的に「人間」だと錯覚された女が豚に戻っただけであり、人間が中心化されていない点では冒頭部に回帰した認識世界である。異なるのは、伊沢は当初生活の場では浮き上がった存在であったものの、白痴女との不思議な交流を通して形だけでも彼女を受け入れている点である。結末の場面は冒頭への回帰でもあるが、「寒むすぎる」といえば女が伊沢の許に飛び込んできた日の一夜にも重なっている。

それは驚くほど短い（同時にそれは無限に長い）一夜であつた。長い夜のまるで無限の続きだと思つてゐたのに、いつかしら夜が白み、夜明けの寒気が彼の全身を感覚のない石のやうにかたまらせてゐた。彼は女の枕元で、たゞ髪の毛をなでつゞけてゐたのであつた。

★

その日から別の生活がはじまつた。

けれどもそれは一つの家に女の肉体がふへたといふことの外には別でもなければ変つてすらもゐなかつた。それはまるで嘘のやうな空々しさで、たしかに彼の身辺に、そして彼の精神に、新たな芽生えの唯一本の穂先すら見出すことができないのだ。その出来事の異常さをともかく理性

的に納得してゐるといふだけで、生活自体に机の置き場所が変つたほどの変化も起きてはゐなかつた。　（72・73）

「夜明けの寒気」の中で伊沢が癒しているのは「豚」ではなく「女」ではあるものの、ここではまだ女との隔たりは埋め尽くしがたいと自覚されていて、交流の可能性はハナから信じられていない。引にもかかわらず女の髪をなで続けることによって伊沢自身も何らかの癒しを得ていたに違いない。引用箇所の直前に、女を慰撫しながら《伊沢はこの女と抱き合ひ、暗い曠野を飄々と風に吹かれて歩いてゐる無限の旅路を目に描いた。》（72）とあるように、女に対する伊沢の思い入れが始まっているからである。戦争という抑圧的な状況下においても、自ら夢見ることによる救いは求められている。《しかも尚、わきでるやうなこの想念と愛情の素直さが全然虚妄のものにしか感じられないのはなぜだらう。》（同）と続けられるように、伊沢の意識の揺れ幅は極端に大きい。そうした伊沢の意識の在り方は、女との一夜が「驚くほど短い」と感じられたとあるところに端的に表現されている。「驚くほど短い」が同時に「無限に長い」という矛盾の共存は、生きていく上での中心を失った伊沢という人間を的確に表している。

「★」記号で区切られた後の引用文でも、「別の生活」の始まりが語られながらもそれは「嘘のやうな空々し」い手応えしかもたらさない。「別の」ではあっても「新しい」生活ではないというところに、伊沢らしさを読みとるべきであろう。家出した白痴女との秘められた同棲生活という「出来事の異常さ」は頭で理解していながらも、生活自体にはほとんど「変化」はきたしていない。引用の直後に《しかも彼は一足でると、もう白痴の女のことなどは忘れてをり、》(73)と付されているように、女の存在が伊沢の生活の中心に位置付けられるわけではない。だから「★」の直前の光景が作品末尾でくり返されてはいても、閉じられた後のテクストに書かれていない所で、新たな展開が想定されるわけではない。

〈同一化〉の拒絶

女のねむりこけてゐるうちに、女を置いて立去りたいとも思つたが、それすらも面倒くさくなつてゐた。人が物を捨てるには、たとへば紙屑を捨てるにも、捨てるだけの張合ひと潔癖ぐらゐはあるだらう。この女を捨てる張合ひも潔癖も失はれてゐるだけだ。微塵《みじん》の愛情もなかつたし、未練もなかつたが、捨てるだけの張合ひもなかつた。生きるための、明日の希望がないからだつた。明日の日に、たとへば女の姿を捨てゝみても、どこかの場所に何か希望があるのだらうか。何をたよりに生きるのだらう。(84)

歩きだしたその先に一新された「別の生活」が待っているわけでもない。伊沢の基本的な在り方は、「虚妄」に囚われたアパシー的状況であるが、女との最初の一夜に思い描かれた「無限の旅路」が完全に払拭されたわけではなく、だからこそ「豚」でもあろうが捨てきれずに、起きるのを待って女との「旅路」を考えるのである。とはいえ、生きていく上での支えとなるべき「希望」も「たより」も期待しえない人間には、「変化」も「甦生」もありえない。

「死ぬ時は、かうして、二人一緒だよ。怖れるな。そして、俺から離れるな。火も爆弾も忘れて、おい、俺達二人の一生の道はな、いつもこの道なのだよ。この道をたゞまつすぐ見つめて、俺の肩にすがりついてくるがいゝ。分つたね」

女はごくんと頷いた。

その頷きは稚拙であつたが、伊沢は感動のために狂ひさうになるのであつた。あゝ、長い長い幾たびかの恐怖の時間、夜昼の爆撃の下に於て、女が表した始めての意志であり、たゞ一度の答へであつた。そのいぢらしさに伊沢は逆上しさうであつた。今こそ人間を抱きしめてをり、その抱きしめてゐる人間に、無限の誇りをもつのであつた。二人は猛火をくゞつて走つた。

（略）女は時々自発的に身体を水に浸してゐる。犬ですらさうせざるを得ぬ状況だつたが、一人の新たな可愛い女が生れでた新鮮さに伊沢は目をみひらいて水を浴びる女の姿態をむさぼり見た。（81・82）

議論を誘発する問題の場面である。ここだけを取り出すと、兵藤正之助『坂口安吾論』（冬樹社、一九七二）も言うように一篇の「クライマックス」であるかのような印象であろうが、兵藤氏が「坂口の最も書きたかったもの」と続けるほど安吾テクストは単純ではない。兵藤氏も伊沢の「独り合点」を言い、「伊沢と作者安吾の心のへだたり」という言い方で主人公と作者との〈同一化〉を避ける周到さを見せている。白痴像を一義的に限定しようとして、伊沢によって美化された白痴女を「理想的な女人像、女房の典型」（庄司・前掲書）と言ったらオバカの上塗りになるだけである。テクストも右の引用のすぐ後には《その底に小さな安堵があるのだが、それは変にケチくさい、馬鹿げたものに思はれた。何もかも馬鹿々々しくなつてゐた。》という感慨が語られている。

白痴的在り方を無垢のイメージにダブらせて美化するロマン主義的発想は、独歩の「春の鳥」のものであっても「白痴」テクストにそれは無い。そもそも「伊沢と作者安吾の心のへだたり」を言う兵藤論のように〈主人公〉と〈作者〉（や〈語り手〉）との隔たりを云々する以前に、〈主人公〉と白痴女との〈同一化〉を問わねばならない。さりとて庄司論のように白痴女を伊沢の「理想的な女人像」としたのでは、安吾テクストの読み方自体からして自覚が欠けている。戦火で焼け出されるまでは、伊沢と女とはズレたままであり、例えば《伊沢の愛情を目算に入れてゐた》（69）と思われる女に対し伊沢は正面から向き合うことをしていない。敗戦色濃厚な閉塞状況にあって、「絶望的な感情の喪失」をきたしているからではあるものの、一方では完全に戦時体制に組み込まれることなく、「芸術」に対する執着は伊沢に一貫している。しかし白痴女に対しては既に見てきたとおり、一時的な思い込みによる美化と、覚めた後の否定との二極に分裂している。そうした伊沢の両極的在り方を理想化のみに一元化したら、誤読から逃れることができない。

「白痴」は徹頭徹尾伊沢に〈内的焦点化〉[8]されているので他の人物や物事に対する見方が伊沢の視野に限られていて、伊沢その人は〈他者〉の眼によって相対化されていない。時々刻々揺れ動く伊沢の「独り合点」に付き合ってそれを集約しようとすること自体に無理がある。平野謙の言う「溷濁」は、「溷濁」としてそのままを全体として捉えようとする姿勢が肝要であろう。別言すれば、〈同一化〉を基軸とする安吾以前の日本文学とは異質な「小説の美学」を用意して臨まねばなるまい。〈主人公〉一人の物語ではない、それも一方向的に回収することができない多元的な在り様を捉えねばならない困難さが、安吾の「つかまえ切れない」印象を与える根源と思われる。

安吾の書法

続いて鷗外の歴史小説との差異を検討するためにも、『二流の人』（昭22）を論じるつもりであったが、拙稿の「イノチガケ」論（『解釈と鑑賞』二〇〇六・一一）を読み返したら根幹のところでは大差のない論になりかねない。安吾のテクスト自体がその特性として同じパターンをくり返しがちなのでやむをえないところではあるものの、「二流の人」独自の「溷濁」の仕方を明かさねばなるまい。

安吾の場合は作者がテクストを支配することができず（あるいは支配することを放棄して？）、作者（語り手と言っても可）自身がテクストの落とし所も「主題」も把握していないものと考えられる。そのストーリー展開は（作者の中でも、テクストの在り方としても）単線的な形では整序

化されておらず、分裂し多元化しつつ拡散した印象を与えることになる。（略）
くり返し指摘されてきた前篇と後篇の分裂は一目瞭然であるが、キリシタンの「情熱」に対して必ずしも肯定的な記述が続くわけではない。彼等の「誠実謙遜」「清貧童貞」ぶりを強調しながらも、例えばキリシタン達を「精神病者」として見る観点を隠さない。

（「『イノチガケ』小論　安吾の書法」）

右の「イノチガケ」を例にした「安吾の書法」が、そのまま「二流の人」に通用してしまうという予断が浮かぶものの、可能なかぎり「二流の人」テクストの細部を立ち上げながら「整序化」を試みたい。「二流の人」は安吾初の歴史小説であり、原題は「黒田如水」（昭19）で現行の「第一話　小田原にて」の「二」までが初出テクストに当たる。この「黒田如水」に限定して読むかぎり、《自己を突き放すところに自己の創造と発見を賭るところの人》（二）がすなわち「天才」であり、秀吉と家康がこれに該当すると読める。如水はこの二人から常に差異化されて語られるので、「天才」たりえぬ「二流の人」と目される。テクストのもう一つのキー・ワードは「賭博（者）」であり、家康も三方ケ原では「理知の計算をはなれ」て「賭博」をした結果、「生きてゐるのが不思議」（二）なくらいの大敗北を喫しながらも「自己の創造と発見」に至ったとされる。

彼も亦一個の英雄であり、すぐれた策師であるけれども、不相応な野望ほど偉くないのが悲劇であり、それゆゑ滑稽笑止である。秀吉は如水の肚を怖れたが、同時に彼を軽蔑した。（一）「すぐれた策師」ではあるものの秀吉のような「天才」よりは一段劣る存在、おそらくそうした位置付けから「二流の人」たる如水の主役化が図られたものと考えられる。秀吉の「賭博」は周知の山崎の合戦で「死を賭し」（同）て天下を取ったわけであるが、如水は若き日に信長に全てを賭けたために旧主から肉体的な障害を負わされ、《悲しい哉、この賭博美を再び敢て行ふことが無かつたのだ。こゝに彼の悲劇があつた。》（一）とネガティヴに語られてしまう。《生命をはる時ほど美しい人の姿はない》（一）にもかかわらず、如水は「イノチガケ」を忘れたからである。

「二流の人」とは誰か?

あえて表題にこだわれば、「二流の人」は如水に止まらずに「戦争狂」や「戦場デカダン派」の名の下に上杉謙信・直江山城（兼続）・真田幸村などもカテゴリーに取り込みながら、「天才」と差異化されていく。

この男（直江山城――注）を育て仕込んでくれた上杉謙信といふ半坊主の悟りすました戦争狂がそれに似た思想と性癖をもつてゐた。謙信も大いに大義名分だとか勤王などと言ひふらすが全然嘘で、実際はたゞ「気持良く」戦ふことが好きなだけだ。（略）直江山城はその一番の高弟で、先生よりも理知的な近代化された都会的感覚をもつてゐた。それだけに戦争をたのしむ度合ひは一さう高くなつてゐる。真田幸村といふ田舎小僧があつたが、彼は又、直江山城の高弟であつた。少年期から青年期へかけ上杉家へ人質にとられ、山城の思想を存分に仕込まれて育つた。いづれも正義を酒の肴の骨の髄まで戦争狂、当時最も純潔な戦争デカダン派であつたのである。彼等には私慾はない。（略）

直江山城は会津バンダイ山湖水を渡る吹雪の下に、如水は九州の南国の青空の下に、二人の戦争狂はそれぐ〳〵田舎の逞しい空気を吸ひあげて野性満々天下の動乱を待ち構へてゐたが、当の動乱の本人の三成と家康は、当の本人である為に、岡目八目の戦争狂どもの達見ほど、彼等自らの前途の星のめぐり合はせを的確に見定め嗅ぎ当てる手筋を失つてゐた。（「第三話　関ヶ原」一）

さすがの謙信も〈語り手〉や〈作者・作家〉からすれば、単なる「バクチ打ち」であって「賭博者」としては評価できない。その系譜に属する山城も幸村も同様であり、師弟関係ではないながら「戦争狂」として如水もこれに連なる。対比項として家康と三成がくくられているので、如水も山城達も「天才」には及ばぬ「二流の人」に止まると言えようが、三成も「天才」の評価を得ているのであろうか？三成に関する言及は少なくないが、「第二話　朝鮮で」までのほとんどはストーリー展開に必要上のものに限られた。場面が関ヶ原に移るからとはいえ、第三話に入るとにわかに三成が浮上して、それもポジティヴに語られるので戸惑わざるをえない。

三成は「天才」か?

まるで家康の訪れを死の使者の訪れのやうに、利家は死んだ。その枕頭に日夜看病に努めてゐた三成の落胆。だが、三成も胆略すぐれた男であつた。彼は利家あるゆゑにそれに頼つて独自の道を失つてすらゐたのであるが、それ故むしろ利家の死に彼自らの本領をとりもどしてゐた。天才達は常に失ふところから出発する。彼等が彼自体の本領を発揮し独自の光彩を放つのはその最悪の事態に処した時であり、そのとき自我の発見が奇蹟の如くに行はれる。幸ひにして三成は落胆にふける時間もなかつた。（同前）

三成は裸一貫ともかく命を拾つて佐和山へ引退したが、彼は始めて独自の自我をとりもどしてゐた。彼は敵を怖れる必要がなくなり、そして、彼も亦己れのイノチを賭けてゐた。直江山城といふ楽天的な戦争マニヤが時節到来を嗅ぎ当てたのはこの時であつた。（同前）

最悪の状況下で「自己の発見」をし、「イノチを賭け」る用意のある者として、三成も確かに「天才達」に組み込まれているのが明瞭である。三成が「楽天的な戦争マニア」とは明らかに異なるのは、豊臣家のために天下分け目の戦いに勝たねばならず、そのための足固めをしなければならない点である。一方の「家康とても同じこと、のるかそるか」の大賭博に打って出なければならないのが、二人の「天才」に課された条件であった。

三成は常に家康の大きな性格を感じてゐた。その性格は戦争といふ曲芸師の第一等の条件であつた。自ら人望が集まるといふ通俗的な型で、自ら利用せられることによつて利用してゐる長者の風格であつた。三成はそれに対比する自分自身の影に、孤独、自我、そして自立を読みだしてゐる、孤独と自我と自立には常に純粋といふオマジナヒのやうな矜持がつきまとふこと、陋巷に孤高を持す芸術家と異なるところはなかつたが、三成は己れを屈して衆に媚びる必要もあつたので、彼は家康の通俗の型に敗北を感じてゐた。（同前）

「孤独・自我・自立」そして「純粋」とくれば、確かに「孤高を持す芸術家」のイメージであり、三成に当てはまっても家康とは真逆である。作品の枠を越えて言えば「白痴」の伊沢が抱く芸術家像に重なり、〈作家〉の好みが三成を再発見したというのが実情であろう。「芸術」は安吾テクストにおいて、犯しがたい聖域である。

好みといえば、家康の《通俗の型を決定的に軽蔑》（同）したのは直江山城守である。山城は《楽天的なエゴイストで、時代や流行から超然とした耽溺派であつた》ので、《家康を嫌つてゐたが、それはちよつと嫌ひなだけで、実は好きなのかも知れなかつた》（同）とされている。〈語り手〉（や〈作者・作家〉）も山城のことが好みと見え、「二一」に入ると如水を排除しながら三成・家康と同列にくくり出す。「芸術」対「通俗」という対照は、新たな対比へとズラされることになる。

如水の位置付け

如水雌伏二十数年、乗りだす時がきた。如水自らかく観じ、青春の如く亢奮すらもしたのではあつたが、時代は彼を残してとつくに通りすぎてゐることを悟らないのだ。

家康も三成も山城も彼等の真実の魂は孤立し、死の崖に立ち、そして彼等は各々の流義で大きなロマンの波の上を流れてゐたが、その心の崖、それは最悪絶対の孤独をみつめ命を賭けた断崖であつた。この涯は何物をも頼らず何物とも妥協しない詩人の魂であり、陋巷に窮死するまでひとり我唄を唄ふあの純粋な魂であつた。

如水には心の崖がすでになかつた。彼も昔は詩人であつた。（略）

彼は二十の若者の如き情熱亢奮をもつて我が時は来れりと乗りだしたが、彼の心に崖はなく、絶対の孤独をみつめてイノチを賭ける詩人の魂はなかつた。（略）彼は自ら評して常に己れを賭博師といふ。然り、彼は賭博師で、芸術家ではなかつたのだ。彼は見通しをたてゝ身体をはつたが、芸術家は賭の果に自我の閃光とその発見を賭けるものだ。

（「第三話　関ヶ原」二）

「絶対の孤独」をみつめて「イノチを賭け」るのが「詩人」だとくり返されるのであるから、「詩人」が「芸術家」に近似してくるものの、「孤独」も「芸術」も家康のイメージとははずれるので、語り手が混乱気味で収拾しきれていないようである。「芸術」の反意語としての「通俗」として家康を位置付けながら、「芸術家」の同意語としての「詩人」に家康をくくるのは明らかに矛盾である。如水は「芸術家」とも「通俗の型」とも語られなかったが、今や「詩人」ではなくなったということも確かである。若き日に信長に「命を賭け」たために旧主から痛めつけられた時は「詩人」であったが、それ以来の如水には「心の崖」が再生されることもなく、「昔日の殻」を負っているだけだとされる。要は如水が排除されている点であって、家康の「大きな性格」とも「通俗の型」とも無縁であり、また三成のような「絶対の孤独」や「純粋な魂」からも遠く隔たった如水は、差異化された果てに「賭博師」に貶められて終る。

第一話で三方ケ原の戦いにおける「賭博者」としての家康を語る際に、《突き放されたところに自己の発見と創造を賭けた》（二）ところが「天才の道」だとしていた。この第三話では「芸術家」は《賭けの果に自我の閃光とその発見を賭ける》と言い換えられているが、「天才」と「芸術家」とが近似しているように二つの言い方にも大差はない。確かに言葉の上では「賭博者」と「賭博師」とは違いがないながらも、「天才」のものである「自己の発見と創造」が欠落している分、「賭博師」の評価は落とされている。これでは謙信を評した「バクチ打ち」と同列になりかねないが、それほど如水が「天才」や「芸術家（詩人）」から差異化され排除されつつ、表題の「二流の人」の名を一人で担っていく運びとなっているということである。

こうしてテクストの最終部、「関ヶ原」の末二章は、「バクチ打ち」たる如水に中心化されて以下のように閉じられている。

如水は家康めにしてやられたわいとかねて覚悟の上のこと、バクチが外れたときは仕方がないさ、とうそぶいてゐる。応仁以降うちつゞいた天下のどさくさは終つた、俺のでる幕はすんだといふ如水の胸は淡泊にはれてゐた。どさくさはすんだ。どさくさと共にその一生もすんだといふ茶番のやうな儚さを彼は考へてゐなかつた。（三）

最後の一文は、時おり前景化される〈語り手〉のコメントである。如水を中心化しようとしながらも、如水に〈内的焦点化〉されずにむしろ〈焦点化ゼロ〉に分類されるテクストの在り方が、〈語り手〉による如水の相対化として表わされるのである。相対化されるのは如水に限らず、「二流の人」という対比項によって特化されるべき「天才」の一人・秀吉のネガティヴな面がくり返し強調されていて、両者の境界が曖昧になるだけに「二流の人」というタイトルも霞みがちである。曖昧といえば、見てきたように「芸術」対「通俗」も「詩人」対「賭博師」も、如水を「二流」に貶めるためのご都合主義的な対概念にすぎず、明瞭さに欠けていた。〈語り手〉（や〈作者・作家〉）の好みが顔を出してしまうのが一因だと考えられる。前例の無い〈焦点化ゼロ〉を達成した「明暗」の〈語り手〉のような自己抑制を意図したわけでもなく、また鷗外のように意識的に登場人物間の「柁を取る」でもなく、不用意に多くの人物を〈焦点化ゼロ〉的な書法で語ってしまった結果と思われる。
安吾が無意識の中に志賀文学に典型される〈同一化〉の連鎖を断ったのは確かである。しかし漱石や太宰とは異なり方法意識が手薄だった分、安吾の断ち方はその場限りの中途半端なままで終っている、という仮説を立てていったん論を閉じたい。安吾の〈方法〉をつかむことができれば、この仮説を証すことができるはずであるが……また後日。

注

（1）例えば『ドストエフスキイの生活』（創元社、昭14）の「3　死人の家」に次のようにある。
「多くの批評家は、人間は作品の原因だ、といふ古びた原理に支配されてゐる。丁度法律の眼には、罪人は犯罪の原因だと映る様に。だが寧ろ人間は作品の結果なのである」といふヴァレリイの逆説がものを言ふ好機であらうか。
（2）小林秀雄が昭和十一年一月に発表した評論文の名。
（3）本書所収の「太宰文学の特質——志賀文学との異同を中心に」
（4）「歴史と自然」冒頭の一文に続く箇所を引く。
ただし私のいう「作家」とは、作品がつくり出す作家ではなく、作品をつくり出す作家、すなわち作品を書くという過程を通してあらわれる精神の働きというようなものである。（略）作家としての秘密とは、彼がなぜこういう作品を書いたかとか、どんな考えをもっていたかというようなことではない。ただ作品を通してあらわれ、しかもその作品をそれ以外のものでなくしている根源、つまりある精神の形態であり創造の秘密である。

（5）拙著『小林秀雄への試み――〈関係〉の飢えをめぐって』（洋々社、一九九四）の第二章でも言及した。

（6）尾形仂『森鷗外の歴史小説　資料と方法』（筑摩書房、一九七九）による。

（7）「白痴」は伊沢に内的焦点化され、「語りの流れ」を絶たないようにするためなのか、★記号による区切りはあっても章立てがなされていない。そのため引用箇所は『坂口安吾全集　第4巻』（筑摩書房、一九九八）の頁数を記す。

（8）ジュネット『物語のディスクール』（花輪光他訳、水声社、一九八五）の分類による、従来の視点人物に近い。後に出る〈焦点化ゼロ〉はいわゆる客観小説に当る。

檀一雄

檀一雄の文学――〈断崖〉からの跳躍

物おもへば沢のほたるもわが身より
　あくがれ出づる魂《たま》かとぞみる　　和泉式部

あくがれ出づる魂

ロマン主義の定義は困難を極めるそうであるが、日常性に自足しえずにそこから〈あくがれ出づる〉心を抑えがたいような檀の在り方は、基本的な意味におけるロマン主義と言うにふさわしい。そもそも『日本浪曼派』は悪名高い方向に行く以前、少なくともその始発の時点では、せいぜいこの基本的な意味における〈ロマン主義〉に止まっていたはずである。だからこそ檀一雄や太宰治も吸収しえたのであろう。

ともあれ檀の創造するロマンティスト達は「家庭の虜」（「リツ子・その愛」昭25、「一」）としてジッとしていることができず、その遠い眼差しのかなたに〈あくがれ出〉でて行くのである。「リツ子・その愛」の冒頭部が〈ロマン主義者〉檀一雄の様相を雄弁に物語っている。

「檀さん、洛陽に行きませんか?」

「行きましょう」

「すぐにですよ」

とK社の網野君が二階座敷に坐るなり、心持私の表情を見上げるように、こう云った。

洛陽。行きたいと思った。なにを打捨ててもよいと思った。東洋の文人にとって、またとない目出度い聖地に行脚出来る心地である。私は辺りの青葉のひるがえるのを眺めながら、例によって新しい生涯にすべり落ちる時のめまいに似た不安と、静かに湧きおこってくる陶酔とを味わった。

(一)

「なにを打捨ててもよい」というように、〈いま・ここ〉に生きる己れに安住することなく「新しい生涯」に思いを馳せて〈恍惚と不安〉(太宰治)に充足するのである。絶えず〈自己革新〉〈自己超脱〉を試みること、それこそが檀一雄的な在り方なのである。引用の少し後に《跳ぼう。思いきって。この俺は、いつも断崖の頂きから飛び降りる名人ではなかったか。》(同)とあるが、その跳び方たるや「見る前に跳べ」(大江健三郎)と自身を駆り立てなくては行動を獲得できぬような、見ること(認識)に憑かれた現代知識人の逡巡とは一線を画している。少なくとも自分一己の問題に関しては、身の危険を顧みることなく「見る前に跳」ぶのである。跳躍の「名人」たる「私」は、ここでも最初の東京大空襲を体験し、国が敗北への過程をたどり始めているのを知って「背筋を流れるような冷たい不吉」を感じながらも、妻子をおいて跳躍することを既定のこととしている。「冷たい不吉」は出発寸前には幼な子太郎のハシカに、そして《累々屍の間をふみわけてゆくような、動乱の旅》（二）の留守中には妻リツ子の結核の発症として形をとることになるのではあるが……。

〈断崖〉からの跳躍

目前のものを投げ出して「断崖」から跳躍する「名人」の在り方は、周知の「火宅の人」（昭36〜50）となって集大成されるわけであるが、その〈あくがれ〉の表現をさかのぼれば最初期の詩編に到り着く。

なごやかな春の雨に／猫柳の鮮緑はふくらみ出で／温き乙女のうるほひに／私の魂はとよめく
／おゝいこひよ／楽みよ　静けさよ／望みよ……そして／ああ私のあこがれよ……／青春の大空
に／五彩の虹はきらめく

生の命を秘めた文月の雨の飛沫《シブキ》に／胡椒の玉は赤らみ出で／熱き乙女の接吻に／私の血潮は燃
え立つ／おゝ恋よ／踊よ　抱擁よ／接吻よ……そして／ああ私の熱情よ……／青春の大空に／真
夏の太陽は燃えたぎる

福岡高等学校時代の同人誌『髑髏』の創刊号（昭4）に掲載された詩の中の一つ、「青春」である。「あこがれ／青春の大空／生の命／血潮／熱情／真夏の太陽」と檀一雄的ボキャブラリーが並べられてはいるが、どこでもありがちな青春賛歌である。際立った表現も見当たらぬ、凡庸と言っていいこの詩の作り手が、どのように「檀一雄」へと変身していくのかという難問が作家論の課題として残されている。換言すれば一般的なレベルでしかなかった「青春」詩の「あこがれ」や「熱情」が、いつどのようにして「断崖」からの跳躍というライトモチーフを獲得していくのか？　作家「檀一雄」の誕生とは、一人の稀有なロマンチストの出現にほかならないからである。

どのようにしてかは今答える用意はない。しかしそれは突然完成された形で現出したのである。『日本浪曼派』（昭10・12）に発表され、第二回芥川賞候補となった「夕張胡亭塾景観」がそれである。その冒頭。

禿鷹《はげたか》の夢を見たというのである。夕張胡亭生前四十二歳の厳冬であった。（略）砂漠に近い崖のようでもあった。或いはずっと北国の断崖でもあったのか。兎《と》に角《かく》荒寥といちめん稜の鋭い礫がとんでいた。陽はすかいに空を切り、キラキラ光っていたのは崖の縁に違いなかった。禿鷹はそこにとまっている。爪がそのきりはしを噛んで、巨大な蚯蚓《みみず》がのたうちまわっていた。禿鷹はそれを覘《ねら》う。嘴《くちばし》は折々砂塵をあげて硬い土のなかにめりこむのである。蚯蚓の肌は裂かれていた。しかし鷹の眦《まなじり》からも血を噴いている。砂崩れがした。鷹はよろめいた。のけざまに空しく砂を噛んだ爪。墜ちたのか。墜ちたのか――（傍点原文）（一）

夕張胡亭とは「志士ともつかず、俳諧の宗匠ともつか」（同）ぬ塾の主とされており、この男が厄年の厳冬に見た夢から語り起される。夢は現実から〈あくがれ出づる〉媒体ともなり、檀の初期作品に頻繁に現れるものである。禿鷹とは《頬はげっそり陥ち、酒やけらしい鷲鼻の赤いしみの上に、据わった両眼が物凄く光った》（三）胡亭自身の表象と読める。禿鷹、すなわち「威圧力の遺場なさ」（同）を抱え込んだ胡亭が格闘しているのは、土中（無意識下）の巨大な蚯蚓に形象化された自身の「狂おしいまでの激情」（十二）といった構図である。

己れを抑えそこなって空をつかみつつ「断崖」から墜落（？）して行く禿鷹は、作品終結部で「おれはいつこんなにも遠く駈け去ったのか」（同）云々といった感慨を抱きながら頓死する胡亭を予見させせている。檀作品に頻出する「断崖」とは生死の境目として在り、したがって死を内包することによって生を活性化したり、あるいは「狂おしいまでの」過剰な生が投身する場でもある。胡亭の「不幸な観骨の勾配」（二）も何やら「崖」の形状を連想させもする。

胡亭の「激情」を増幅させたのは僚友矢野小弥太の帰還である。「氾濫する激情」（二）に由来する「旅行癖」（一）に憑かれた小弥太は、檀の小説世界における典型的な人物であり、十数年前に〈旅〉

への誘い抑えがたく新妻と赤子を置いて放浪の途に出てしまい、今回の帰国時には実子圭介は十七歳になっている。残された母子を自分の籍に入れた胡亭であるが、無断で北海道に旅立った留守中に再度捨てられたと勘違いした妻が自殺してしまうのであるから、胡亭も小弥太と同様の衝迫を抱え込んでいたのは明らかであろう。

檀一雄と三島由紀夫

もう一人の人物の死に様にも言及しておかなければならない、真吾である。真吾は綾と三年前に駆け落ちして胡亭塾に舞い込んできたのであるが、綾が胡亭にも小弥太にも淋病をうつしながら生き残って物語が閉じられる、という運びとなる。一方の結核患者だった真吾は、退院できたにもかかわらず、胡亭の死後これも〈崖〉の上から死を急ぐのである。

或夕小弥太は真吾と連れだって裏山の崖の上を歩いていた。（略）言葉は交わさなかった。二三間先を歩いていた真吾がヒョイと立ちとどまり、西陽を背にしどっと黒い血を噴く。おや、と小弥太がその顔色を見ようと焦った瞬間、真吾の体はゆらゆら揺れはじめ、もう毬《まり》のように崖の縁からすべっていった。

綾はおどろかなかった。ただ涙をため、小弥太の顔をじっと見かえすばかりである。落ちたのかな、飛んだのかな、と小弥太はその記憶の困惑のなかで日を送った。（十二）

胡亭や小弥太の狂熱に染められながら「真正な情熱」（七）を醸成してきた真吾が、事故死するはずはあるまい。小弥太とペルー行を約束しながらも、身体の衰弱故に果たせない焦慮が、真吾を〈断崖〉からの跳躍へ駆り立てたに違いない。あるいはまた胡亭頓死の少し前、母親の死をなぞるように縊死しようとして果たせなかった圭介も（胡亭だけがそれを目撃している）、やがては〈断崖〉から跳ぶのか、または小弥太のように「氾濫する熱情」を〈旅〉で消尽することになるのか？　胡亭頓死後、彼が愛玩していた白梅のかたわらの井戸掘り作業が湯泉を掘り当ててしまい、胡亭塾に集まる男達の「狂おしい激情」のように湯が噴き上がるところでエピローグ（十三）は結ばれる。噴出する湯は白梅の花を散らすだけでなく、圭介の激情をも揺り動かしているとすれば、圭介が綾と共に胡亭塾に留まり続けるとは考えにくい。

『日本浪曼派』（昭10・8）に発表された「花筐序」は、間に「夕張胡亭塾景観」が挟まれたことによって全く異質な作品「花筐」（昭11）へと屈折していく。「夕張胡亭塾景観」から引き継がれたロマンティックな雰囲気の濃厚な「花筐」にも、冒頭に〈崖〉が現れる。

榊山は丘の頂きに立っていた。どうどう波の音が湧いてくるその足許から乳白の霧が渦をまいて榊山の毛髪をあおり上げていた。潮風は容赦なく手足を濡らしたが、五十尺の崖下にうねっている海は霧の底に見えなかった。いや、白い霧の包囲のなかで、風と波の咆哮と絶えず吹上る毛髪のほかには一間先の視野も閉ざされている。感受性の隅々までが何の隠蔽もなく放置され、五体はわななわなとふるえていた。

「花筐」は三人の少年達の「感受性」の氾濫が織りなしていく物語ではあるが、〈断崖〉からの跳躍を果たすのは榊山ではない。自身を含む三者を榊山に向かって分析してみせる、他ならぬ吉良が跳躍するのである。

「君は見るまに伸び上がるね。もうじき僕も鵜飼も君の亡霊だ。君には勇気がある。おそらく一番ね。鵜飼には生命しかない。あんな美事な生命という奴は人が享けねば意味がないんだ。ところで僕には何もないよ。（略）僕は仮りに気紛れな僕の観念を信奉する。突嗟に観念の指令を発したら、必ずそれを断行する。どんな破廉恥でもいいよ。僕は僕の意志だけを信じている。熱狂的に信奉する。それだけさ。」

何やら三島由紀夫の文学世界を連想させる構図であり、三島の一連の作品と比べてみたい誘惑を感じるが、それこそが『日本浪曼派』を介して両者が架橋されるゆえんであろう。この〈観念〉に枠付けられた吉良がわざわざ〈崖〉の所まで榊山を呼び出し、彼を証人としてその目前で跳ぶのである。

磯田光一の傑出した三島論『殉教の美学』（冬樹社、一九六四）の把握をズラして言えば、ドン・キホーテ（行動家）が単独では存在することができず、サンチョ・パンサ（傍観者）との共存を必然とする世界である。ますます三島文学との類縁を論じたくなる問題ではあるが、両者の決定的な差異も予断として記しておかねばならない。檀の〈あくがれ出づる〉心を保田與重郎風に言い換えれば「わけのわからぬ巨大な衝動」（『真説石川五右衛門』解説）ということになるが、例えば「金閣寺」の主人公・溝口は「根本的に衝動」（第七章）が欠落していることを自覚しつつ「衝動の模倣」を好んだはずである（本書の「金閣寺」論を参照）。

〈巨大な衝動〉に翻弄される檀（的人物）と、〈衝動の模倣〉に甘んずる三島（的人物）との対照は、その後の両者の後半生に明らかだ。片や世界各地に跳躍し続けた檀に対し、過剰なまでに美化した〈日本〉に跳躍して果てた三島の惨劇は痛ましい限りである。

「火宅の人」――〈泳ぐ〉人々

〈泳ぐ〉人

「火宅の人」（昭36〜50）は話題の中心のように見える、愛人の恵子との問題から始まるわけではない。あくまでも印象深い障害児・次郎の病状から語り起されているのである。物語は次郎で始まりその死で終わるのであり、本稿はその意味を明かそうとする。

檀一雄の初期作品「夕張胡亭塾景観」（昭10）の登場人物を「〈断崖〉からの跳躍」という観点で論じたが（本書収録）、そこでも予断的に付したように、檀一雄文学の集大成たる「火宅の人」も「飛び込み」「墜落」する人から始まっている。

「第三のコース、桂次郎君。あ、飛び込みました、飛び込みました」

これは私が庭先をよぎりながら、次郎の病室の前を通る度に、その窓からのぞきこんで、必ず大声でわめく、たった一つの、私の次郎に対する挨拶なのである。
こんな時、次郎は大抵、マットレスの蒲団の上から、ずり落ちてしまっている。炎天の砂の上にひぼしになった蛙そっくりの手足を、異様な形でくねらせながら、畳にうつ伏せになっていたり、裁縫台の下に足をつっ込んでいたり、しかし、私の大声を聴くと、瞬間、蒼白な顔のまん中に、クッキリとした喜悦の色を波立たせて、「ククーン」と世にも不思議な笑い声を上げるのである。（略）
この「次郎微笑」は、人間と云ういきものの微笑には余り似ていないかも知れぬ。（略）
大抵の場合、次郎はマットレスの上から墜落してしまっている。（「微笑」、章の題。以下同）

冒頭からして「次郎微笑」が強調されているものの、「微笑」はこの章に限ってもテクスト全体の中にあっても印象は薄い。むしろ「火宅の人」は冒頭部分に提示されている〈飛び込む〉、そして〈泳ぐ〉イメージの方が強い喚起力で訴えてくる。〈飛び込む〉人は後回しにするとして、〈泳ぐ〉人こそが頻出しつつテクストを貫いていると言えよう。「微笑」においても主人公・桂の「おーい、泳ぎに行くぞ」の一声で、次郎に負けじと他の子供達が名栗川に泳ぎに出かけて行くが、ほとんど〈泳がぬ〉[注]人もここで登場している。「いいえ、アタシは……」と拒む、妻のヨリ子である。

沈着なのである。重厚なのである。／現代女性に共通な浮薄の虚栄などどこにもない。（同前）

あまり人との団欒を喜ばない性質のようである。或は感情の表出を厭う性分か。（同前）

桂とはまるで正反対の人間像であり、それが〈泳がぬ〉人として表象されているのがテクストの妙である。〈泳がぬ〉人との対照であぶり出されてくるのが、〈泳ぐ〉人である桂とその系譜である。《夏の時期になってくると、私はどうしても、泳がなければ気がすまない性分》（「野鴨」）だと言う桂は実によく〈泳ぐ〉人であり、戦時中も中国大陸で種々の危険を冒してまで泳ぎをくり返し、周囲を呆れさせせている。この《長年の私の習性》（同）のまま、恵子とも高麗川や湯河原へ出かけ、また暇さえあれば意にそまぬホテルのプールでも〈泳ぐ〉衝動を満たしている。《むろん、彼女も泳ぐことは大好きだ。》（同）とくれば、桂をめぐる両極の二人の女性が〈泳ぐ〉〈泳がぬ〉で対比されているのは明らかであろう。

灼かれる人

《私と、一郎と云う、無軌道な親子二人》（「微笑」）としてくくられる一郎も、紛れもなく〈泳ぐ〉人である。学校に行かずに出奔して鎌倉で盗難事件を起こした一郎は、警察に引き取りに出かけた両親を前に呑気な言葉をくり返す。

「泳げばよかったね、チチー」

（ともに「火宅」の章）

「オレ絶対行くよ。泳ぐよ」

〈泳ぐ〉人とは何か、「灼《や》かれる人」の章でその根源の衝動の言語化が模索されている。「わが野生児」と名指される一郎を中心化しつつ、桂の血脈が「灼かれる人」として形象化されている重要な章段である。

この息子の心身にも、まぎれもない青春の業火が点火したのである。業火であるか、聖火であるか、収束の行方はしばらく問うところではないが、その来源は今見る一郎の肉体が、さながらかもし出している熾烈な生命の本能だ。（傍点引用者、以下同）

出来得れば、少年の門出の日から剛毅におのれの心身のバランスを統制出来るに越したことはない。そうしてその吹きつのってくる過剰な活力を、人間の調和的な生存の幸福の側にねじむけ得る人は仕合せだ。私達はその人達を、羨み、尊ぶが、しかし、私の血は別様に燃えたのだ。私の頭が制御のブレーキを踏む時に、私の足は前のめりした。

また、こうも考えてみたことがある。私から一郎につながる妄動の性癖は、ひょっとしたら、私達の並はずれた健康の過剰によるものではなかろうか。人は笑うだろう。その心身のアンバランスこそ、不健全の最たるものだと。私もまたそう信じて、自分の中に跳梁するさまざまの官能と浮動心を呪いつづけながら生きてきたようなものだ。それは、ほとんど私の心身を八つ裂きにするように私自身を駆りたてて、逸脱へ、逸脱へと、追い上げるのである。

その恐怖に怯える日に、時には、呪文のように、よし、己の天然の旅情にだけは忠実であれと、つぶやいたこともある。

「熾烈な生命の本能／過剰な活力／妄動の性癖／天然の旅情」と並べてみれば、破天荒な桂の生き方がいちいち納得できようというもの、付言すべき言葉もない。この「過剰な活力」に満ちた「生命の本能」が「妄動」して、桂とその息子達を〈飛び込〉ませ〈泳〉がせるわけである。〈泳ぐ〉人の血統は何と親子に止まるわけではない。引用は一段落はさんで次のように続くからである。

考えてみると、私の祖父は、八十を過ぎる頃まで、毎朝裏の濠の中で、水浴を繰り返していたではないか。祖母達から、同室にいるのも毛嫌いされながら、それでも屈託なく、晴天の日は毎朝、自分の蒲団は自分で乾し、自分の蒲団は自分で敷いていた。

「水浴」を広義にとれば、祖父にまで遡ることの出来る〈泳ぐ〉人達の「熾烈な生命の本能」こそが根幹となっているのであって、桂の奔放な〈性〉の遍歴はその現れの一つでしかない。〈性〉の氾濫ばかりに目を奪われると、本作の評価を見誤ることになる。「火宅の人」は〈性〉を描くことが目差されているわけではないからである。〈性〉ではなく〈生〉で読むべきテクストであり、桂の一族を貫流する〈生〉のエネルギーの表象としての次郎が、冒頭に形象化されているのである。テクストの流れからすれば桂も恵子も、そして一郎も祖父も全て次郎のヴァリエーションということになる。そう読めば、祖父の「淋し」さを理解する端緒をつかめるであろう。右の引用の続き。

九十何歳かで大往生を遂げたけれども、その死の間近いころ、たった一度、深夜私を枕頭に呼び、

「淋しか――。一雄、淋しか――」

私の手を、自分の胸にひきよせて、オイオイと泣いたことがある。

「過剰」な〈生〉の力が、心的な充溢を伴うことなく「前のめり」に「妄動」し続け、「過剰」さがかえって内部に虚無を胚胎して「淋し」さを感じさせるというメカニズムなのであろう。桂が時折「孤独」や「鬱」を口にするのもそのためである。しじゅう酒を手離せないのも、それが「孤独」や「鬱」を散じるための一つの方便なのであろう。

私は麻雀《マージャン》をやらず、碁、将棋、ゴルフ、釣りなど何の興味もない。ただ手料理をつくり、ただ酒を飲み、ただ原稿を書いているだけで、私の万般の料理は、私の消閑とリクリエーションに大

きな関係があるわけで、梅干の梅を大筵に乾したり取込んだり、沢庵の大根を物干の屋上に乾したり取込んだり、こんなことを始終やらかしていないと、私の鬱が昂じてくる。（「我が枕」）

手ずからの料理作りにいそしまずにはいられない桂の衝動は、子供の頃から煮炊きをしていた〈生〉のストレートな発露であろう。ともあれ父系のみならず、桂の母も「至極達者」（「灼かれる人」）で《今でも矢鱈にとめどなく遠い旅へ出たがるようだ。》（同）とあるが、桂もテクストの後半からは「天然の旅情」に駆られて海外へと「逸脱」し、菅野もと子というもう一人の〈泳ぐ〉女と〈生〉を消尽することになる。

〈影〉としての太宰治

桂とは異なり「蒲柳の質」（同）である太宰治が、桂の〈影〉であるかのようにしばしばテクストに顔を出す。思えば恵子との関係を進めたきっかけは、太宰の文学碑の除幕式が選ばれていた。

私は何となく石碑の後ろのベンチのあたりに、腰をおろした当の太宰治の姿が目に見えてくるような心地がした。左手に毛蟹を手摑みにし、ムシャムシャと喰らいながら、右手にコップをあげて地酒をあおっているのである。

私は咄嗟にその太宰の側に歩きよっていって、恵子のことを事細かにしゃべってみたくなってきた。　というよりも、私の年久しい惑いの心をそれとなく打明けてみたくなってきた。（「微笑」）
が、私はそのドシャ降りの雨を浴びながら、したたかコップの酒をあおっている。私の一家がどうなるか、恵子の生涯がどうなるか、これからのことはもう見透せないが、私は今日を限り、自分の解放をはかる覚悟である。思うさま驟雨を浴びて、束の間の人間のあわれなすぎわいの為に盃を乾すのである。（同）

桂は女性との事件を重ねた太宰をなぞりつつ、恵子との距離を一挙に埋めていく。雨中の式典が一段落した後の桂はあたかも水浴する人のようであり、見透しのきかない未来に向かって〈飛び込む〉「覚悟」をした人となっている。しかし太宰が玉川上水に飛び込んで流されるままに果てたのに対し、桂は太宰の女性遍歴をスプリングボードにして恵子に向けて「跳躍」し、〈生〉の力のまま恵子と二人で〈泳〉ぎ続けたと言えよう。〈泳ぐ〉人である桂と恵子は、〈飛び込〉み〈泳ぐ〉人の原型たる次郎を意識せぬまま模倣しているようでもある。

愛撫の度に、補助椅子ソファの継ぎ目にはさまりこんでみたり、彼女の寝乱れる毛髪の方から次第に逆落しになってみたり、結局二人共絨毯の上に裸のままずり落ちていって、苦笑になり、呻吟になり、はかない男女の悦楽は終わるのだが、それはまたそれなりの、あわれさとおかしさに結びつくのである。

「火宅」の章に語られる二人の様態が、作品冒頭に現れた次郎の安逸の場たるべき布団から「ずり落ち」た姿に重なって見えてくるであろう。市民社会の平穏な生活に安住することなく、布団から「ずり落ち」たり「逆落し」になったりするのは、彼らが皆〈飛び込む〉〈泳ぐ〉人だからである。そう見ると桂が恵子と事を起こしたのが、次郎発病の一年後の同月同日だったというのも偶然ではなかったということであろう。夏の暑い盛りの日にこそ〈泳ぐ〉人達の〈生〉のエネルギーは燃焼し「妄動」するのである。テクストの冒頭近くで桂自身が符合を確かめているように、次郎発病の一年前のほぼ同じ日には、桂は一郎を連れて奥秩父に執筆がてら〈泳ぐ〉ために出かけ、落石事故に合っている。突発的な出来事ではあるが、過剰な〈生〉の力のまま「妄動」する者が危険にさらされるのは見やすい。時には自ら死の危険を冒すような「妄動」に駆られることにもなる。テクスト後半でくり返される、恵子にまつわる嫉妬に囚われてニューヨークの安ホテルの七階から〈飛び込〉もうとする衝動がそれである。

ベッドの中から脱兎のように跳ねあがり、北の窓を押しあげて、思うさまに戸外の凛烈《ママ》の風を浴びる。そこから真っ逆さま、飛び降り自殺の真似事を二度三度くりかえした揚句、またウイスキーのがぶ飲みになるのがきまりである。（「蠟涙」）

〈生〉のエネルギーが微弱な者が〈死〉に近づくことによって〈生〉を活性化させようとする、という心理のメカニズムでは全くない。〈生〉の「過剰」が意のままに奔出するのを妨げられた時、自らを滅ぼすことによって「過剰」なエネルギーを収束させようとする「妄動」以外のものではない。

夏は終った

むろん桂は死なずに恵子以外の女との「妄動」を続けるが、最後の四つの章でテクストは急ぎ足に収束を迎える。「わが祭り」で桂自身は病で倒れ、追い打ちのように病室で恵子から別れを告げられる。続く「きぬぎぬ」の章では実吉徳子との「訣別」を自認しつつ、《夏は終った》という感慨に耽る。未練のように徳子との思い出の地に子供と〈泳〉ぎに行った多摩川では、一年前に徳子の同僚であるレイ子が泳げないのに川の中に〈飛び込〉んで溺死した事件が思い起こされる。

〈飛び込〉んだり〈泳〉いだりする「夏」が確かに終ろうとしている。恵子からは二人の事の起りとなったメモ用紙と共に、ヒビ割れの入った古靴を返されて関係が終息する。明示的なメモ用紙は理解可能ながら、それが付された古靴が暗示するものは何なのであろうか？　恵子の意識には無かったと思われるが、〈泳ぐ〉のを止めて大地の上を着実に〈歩く〉ことを自他に向けて発信したようにも見えてくる。

恵子との「訣別」に続いて「骨」の章で次郎に死が訪れる。〈泳ぐ〉人々の物語はここで完結するわけであるが、エピローグとしてその後の桂の様子が「キリギリス」で語られ、テクストは閉じられる。神楽坂の連れ込みホテルの五階で独り暮らしを決めこんだ桂の感慨は、《何ものにも捉われるな！　今からこそ充実し生命《いのち》の誘導と点火。自分自身の思う存分の自我道？／アハハ、夏は終った。》というものである。

〈夏は終った〉ことを改めて確認せざるをえないのであって、次郎や恵子を失った今や「生命の誘導と点火」などありえない。それが言葉の上だけの単なる強がりでしかないことは、桂本人が痛いほど分かっているはずである。気力も体力も失せた桂の部屋は、「生命」力のみなぎるゴキブリが「大繁殖」するにまかせざるをえない。〈生〉が衰弱した桂はもはや〈泳ぐ〉こともなく、狭い浴槽につかるだけである。正確に言えば湯につかるだけでなく、浴槽の蓋に乗って辺りの景観を楽しむ（？）こともある。それを「壮大なパノラマ」と呼んでみるのも負け惜しみの心理であろうが、桂は既に五階の自室から〈飛び込む〉こともなく、《人々の侘しい集散と通行の姿を見下ろす》だけである。〈泳ぐ〉でもなく〈飛び込む〉でもなく、唯一の手荷物である古靴の処分を決断しかねながら、ただ〈眺める〉人に変貌した桂は、「まことに夏は終った」とくり返すのみである。《なーんだ！　オレ、ヒトリボッチ！》という「孤影悄然」たる情況を認めざるをえなくなり、テクストは「雪」を含む一文で結ばれる。

私は、ゴキブリの這い廻る部屋の中で、ウイスキーを飲み乾しながら、白い稲妻と一緒に酔い痴れの妄想を拡げているが、次第にサラサラと自分の周りに粉雪でも降り積んでくるような心地になった。

(注) 内向的なヨリ子が例外的に「アタシも泳いでみようか知ら」と言う場面があるが(「野鴨」)、この時はヨリ子が他の子供を連れて次郎のいる〈家〉から離れ、千葉の海で心身共に解放感に浸ることができているからであろう。

三島由紀夫

三島由紀夫作品の〈二重性〉――「剣」・「殉教」・「孔雀」

「剣」のリアリズム？

『三島由紀夫事典』（勉誠社、二〇〇〇）で「剣」等の項目を担当し、紙幅のつごうで説明抜きに次のように記したのであるが、意を尽くせなかった憾みをここで解消しておきたい。

三島作品のひとつの類型である、物語と小説の二重性を抱え込んだテクストとして「剣」を読むこともできよう。「剣」を〈寓話的〉な物語であるとともに、〈余計な夾雑物にみちた人生〉のリアリズム小説としても読む方向である。（〈 〉内の引用語句は「剣」本文「その一」からのもの）

この同じ時間の枠のなかで、白髪を面《めん》に隠した老いと、赤い頰を面に隠した若さとが、寓話的な簡素のうちに、はつきりと相手を敵とみとめる。それはまるで、こんぐらかつた、余計な夾雑物にみちた人生を、将棋の簡浄な盤面に変へてしまつたかのやうだ。何もかも漉《こ》してしまつたあとには、これだけが残る筈だ。すなはち或る日、はげしい夕陽のなかで、老年と青年がきつぱり刃先を合せて対し合ふといふこと。（その一）

大学のＯＢで五十歳になる木内が、会社は弟に任せ、剣道部の監督に打ち込んでいる姿はまさに〈余計な夾雑物にみちた人生〉から召還された在り方である。だからこそ道場における時空がいっそう「永遠に停つた美しい時間」として印象づけられ、「老年と青年」の対決という「寓話」が成立するわけである。先の私見は「剣」の認識を敷衍して言い換えたものであり、ある種の三島作品にはリアリズムの〈小説〉としても読め、かつ超自然的な現象も起こりうる「寓話的」な〈物語〉としても読めるという〈二重性〉があるということを強調したものである。「剣」でいえば結末の一行《次郎は稽古着の腕に竹刀を抱へ、仰向きに倒れて死んでゐた。》を必ずしも「自殺死体」（荻久保泰幸「三島由紀夫作品論事典」『国文学』一九八一・七）と限定して読まないという姿勢である。

リアリズムの〈小説〉として読めば、荻久保氏のように次郎は自殺したと理解するのが自然なのであろう。しかしながらテクストは自殺とは明言してはいない、ということの意味を考えるべきであろう。

カンニングをすること、いろんな規則から一寸足を出すこと、友だちとの貸借をルーズにすること、さういふものが若さと考へられてゐるのは本当に変なことだ。強く正しい者になるか、自殺するか、二つに一つなのだ。級友の一人が自殺したときに、彼はその自殺は認めた。ただそれが体も心もひよわかつた男で、彼の考へるやうな強者の自殺でなかつたことが残念だつたけれども。

（その二）

「強く正しい者になるか、自殺するか」の択一からすると、次郎は「強く正しい者」になれなかった結果として「強者の自殺」を選び取ったということになろうか。それにしてもそれは決して「強者の自殺」とは呼び難い印象ではある。さりとて一貫して「強く正しい者」として造形されている次郎が壬生（達）の裏切りを自己の敗北として受け止め、「体」はともかく「心」の脆い弱者として自裁したと読むのもしっくりしない。あるいは《部員の裏切りにも自死をもって諌める知行合一的》（講談社文芸文庫カバーのコメント）な「強者の自殺」なのであろうか？　諌死にしては、納会における主将としての挨拶は「大人しすぎ、型通りすぎる」というのが壬生の感想である。いずれにしろ他人にはどのように見えようが、次郎自身の主観からすれば、やはり「強者の自殺」のつもりなのであろう。

次に自殺でないとするならば、その死因が問われるところであろうが、それは不問に付して次郎の死の必然性だけを受け取っておくべきであろう。つまりは次郎を殺したのは、〈物語〉だということである。作中にくり返される「純粋さ」を無菌室で培養したような次郎は、ひとたび菌（裏切り）に冒されるやそれが致命的なものになるのである。

壬生の十九歳は、大人たちの世界をばかに醜いものに思い描いてゐたが、国分次郎もいつかはその汚濁に染まると思ふとぞつとした。若さと純潔と力とが、次郎のやうな頂点にまで昇りつめてそこから向う側の坂へ転がり落ちて行かねばならぬとすれば、この世界はなんといふ残酷な場所だらう。

（その四）

何か、強くて正しくて晴朗なものが汚された。それは実に息苦しい、実に口惜しい成行だが、彼（壬生――引用者注）はずつとそれを予感してゐたやうな気もする。

（その六）

醜い「大人たちの世界」に汚濁されることを拒んだ次郎は現実の世界に存在しえずに死ぬほかない、という「寓話」と解するのがもう一つの読みである。成熟不能による夭折譚、という三島が好んだ〈物語〉のパターンである。「寓話」であるかぎり、その直接の死因を詮索する手間は不要ということになる。

「殉教」は奇跡譚か？

ここでは「剣」とは逆に、奇蹟譚という読みに対してリアリズム小説としての読み方を対置しておきたい。信頼すべき研究者が「殉教」の結末は奇蹟がおこったと読まねばならぬと講義した、と伝え聞いたからでもある。読みを一方向に限定する愚は避けるべきであろう。世界（作品）を覆い尽くす言葉などありえないのだから。

「殉教」の奇蹟譚としての読み方は注するまでもなかろう。

「君『むつつり助平』つていふ言葉を知らない？　あんな聖人面をしてゐる奴が却つてさういふものにいちばん興味をもつてゐるのよ」

彼（亘理——引用者注）は入学匆々迫害された。（略）亘理は友人たちに性のわるいいたづらをされると、ふと青く晴れた空を見上げるくせがあつた。このくせもからかはれる種のひとつになつた。「あいつはいぢめられるとキリストみたいに空をじつと見上げるのだよ」——と小悪魔の中でも一番手に負えないMが言つた。

皆は冗談だと思つてゐる自分の気持のなかに時々「本当」の翳がさしてくるのでおびえてゐた。かすかにふるへて蒼ざめてゐる亘理を縄の前へつれて来たとき、一人のおどけた少年が弔辞をよみあげた。その間も亘理は莫迦《ばか》みたいな大きな瞳で青空を見詰めてゐた。

亘理は一貫して受難者キリストのイメージに彩られている。亘理もそのような期待される人物像に沿う形で振る舞っているようである。だからこそ子供達のなかでスケープゴートにされ、あげくの果てに絞首刑に処せられることになる。むろん誰も「本当」のこととも思っていないから、ことの勢いで絞首刑が実現されてしまうと恐れをなして逃げ出すことになる。「嘘から出た誠」さながら亘理は「聖人」として神に召される、という殉教の〈物語〉としての読み方は首肯される。ましてや処刑に際して奇蹟が起こるセバスチャンの〈物語〉を想起すれば、亘理の「殉教」が受け入れやすくなるというものである。少なくとも作家は亘理にセバスチャンをダブらせることを望んでいたと考えられる。「仮面の告白」のあの突出した場面や、セバスチャンに扮した三島自身の写真集（篠山紀信撮影）等におけるその殉教図の意味の重さが、作品「殉教」にも通底していることを見落としてはなるまい。

それが殉教図であらうことは私にも察せられた。（略）顔はやゝ仰向きがちに、天の栄光をながめやる目が、深くやすらかにみひらかれてゐた。張り出した胸にも引き緊つた腹部にも、やや身を撚つた腰のあたりにも、漂つてゐるのは苦痛ではなくて、何か音楽のやうな物憂い逸楽のたゆたひだつた。左の腋窩《えきか》と右の脇腹に篦深《のぶか》く射された矢がなかつたなら、それはともすると羅馬《ローマ》の競技者が、薄暮の庭樹《にわき》に凭《よ》つて疲れを休めてゐる姿かとも見えた。（傍点引用者）

（「仮面の告白」第二章）

この絵から強烈な刺激を受けた「私」は突発的に最初の自慰・射精を行うことになる。まだ少年ながら畠山と亘理との結び付きも、「仮面の私」の「私」と同様に《倒錯的衝動とサディスティックな衝動とが分ちがたく錯綜してゐる場合》（同）といえよう。

ベッドに亘理を寝かせると、畠山はベッドの上に乗つて踏んだり蹴つたりした。ベッドのきしむ音が肋骨の折れる音を思はせた。亘理はあふのいて目を閉ぢてゐた。きれいに整ひすぎた歯を時々のぞかせて、ヒイヒイといふ病気の小鳥のやうな悲鳴をあげた。畠山はその横腹をどんとどやしつけて彼が死体のやうに壁をむいて静かになつたのを見てとると、すばらしい跳躍でベッドから飛びおりた。

畠山は体を二回ころがした。するとすこし行きすぎて亘理の上へ半分のしかかる形になつた。すると亘理が今まできいたこともない、貝のなくやうな可愛らしい小さなククといふ声を立てた。魔王はその笑ひをさぐりあてると、生毛がそのまはりにいつぱい生えた亘理の唇に彼の顔ぜんたいを押しつけるやうな動作をした。（改行、一行アキ）畠山と亘理があやしいといふ噂を級友たちは声をひそめてするやうになつた。

性倒錯とサド・マゾ的関係による両者の結び付きは堅いようである（傍点は論者の個人的な趣味からは理解の外にあることを示す）。二人の濃密な関係は奇蹟の〈物語〉としては必然性を覚えないが、リアリズム〈小説〉として読む際には不可欠の結び付きとなるはずである。

三島由紀夫とセバスチャンとの結び付きで、忘れてならないものがもう一つある。ダヌンツィオ「聖セバスチャンの殉教」（昭40）を三島が翻訳しているという事実である。翻訳といっても三島はフランス語を解さなかったので、主に文飾の方で関わったというものではあるが、そうまでして翻訳に執着したというところに、三島のセバスチャンへの思い入れの程が計りしれよう。

ダヌンツィオ作品においては、「奇蹟」は次のように起こる。

セバスチャンの亡骸を腕のうちに保つてゐる女たちは、突然、矢といふ矢が、傷口から放たれた光のやうに消えてゆくのを見る。今ことごとくの矢が針鼠のやうに逆立つてゐるのは、アポロンの月桂樹の幹である。

アドニスの信者たち　奇蹟だわ！

奇蹟だわ！

奇蹟だわ！

（ゴチック体は原文）

矢はセバスチャンの身体から消えはするが、亡骸そのものが召されて消えるわけではない。三島の「殉教」では亘理の身体は消えるが、その首を絞めていた縄の方が残される。「殉教」は「聖セバスチャンの殉教」の翻訳より先行しているので、字義通りのパロディとは言えないが、両者の偏差をこそ味わうべきところであろう。

さて「殉教」をもう一つの読み方、即ちリアリズムの〈小説〉として読むとすれば、亘理は死んでいないということになる。自力で脱するのが困難とすれば、助けたのは畠山以外に考えられない。子供達が殺人現場に戻ってくるのが三十分後とあるから、畠山が亘理を救い出して蘇生させるのに充分な時間である。翌日登校して元気な亘理の姿を見出す子供達は、それこそ「奇蹟」が起きたと仰天することになる。亘理と畠山はそ知らぬ顔をして、普段通りに振る舞うはずである。

〈小説〉と〈物語〉

「孔雀」（昭40）も〈二重性〉のあるテクストとして読める作品である。こちらはワイルド「ドリアン・グレイの肖像」を意識して書かれたものであり、純然たるパロディとして理解することができる。ただしそれはあくまでもこれをワイルド作品同様、超自然現象が起こりうる〈物語〉として読んだ場合である。

あのワイルドの小説では、美少年ドリアンの青春を保持するために、画像のはうが彼の罪の醜さと衰弱とを引受けるのだが、「孔雀」では、つまらぬ一人の男の無為で退屈な人生を永らへさせるために、彼の幻影の美少年が不断の殺戮を繰り返してゐるのである。

（「『三熊野詣』あとがき」昭40）

富岡の少年時の写真からその美少年が抜け出して孔雀殺しをする、というドッペルゲンガーの〈物語〉を成立させていくための手付きはテクストの随所に指摘できる。

刑事はそのまま話の継穂なく壁を眺めてゐる。背中には立つてゐる富岡夫婦の一向やさしさのない目が感じられる。（略）窓のそとには栗林があつて、玄関へ来るあひだの石畳の道にも、いくつも腐れた栗が落ちてゐた……刑事は目の前の壁の雑多な額絵に目を遊ばせながら、実は遠く殺された孔雀の声を幻覚に聴いた。

もちろん刑事が現場へ着いたときには孔雀はことごとく燦爛たる骸《むくろ》になつてゐた。彼は自分の耳でその声を聴いたわけではない。しかしこの濃密な夜のむかうには、今も殺された孔雀どもの狂騒の叫びが、丁度黒地に織り込まれた金糸銀糸のやうに、細く、執拗につづいてゐるやうに思はれる。

――富岡家を辞して、署まで自転車で帰るあひだ、彼の脳裡からは現実の疲れ果てた富岡の顔が消えて、次第にあの絶世の美少年の面影ばかりがひろがるのにおどろかされた。月の出てゐない晩であるが、幻のその面輪が月のやうに刑事の眼前にちらついた。

これをあえてリアリズムの〈小説〉として読み換えるには、どうしたらいいか？

二人は待ちつづけ、刑事は睡気を催し、富岡だけは怠りのない目を放つた。富岡はだんだんうつろになる心を、さまざまの孔雀の幻で充たして鼓舞しながら、自分の傍らで辛うじて目をひらいてゐる刑事のうづくまつた姿を、蔑むやうに時折眺めた。（略）

刑事は突然、富岡に肩をゆすぶられて、身を起した。富岡の目はかがやいてゐた。

「ごらん。私の言つたとほりだ」

刑事は言はれたとほり、裸の円丘のはうへ目をやつた。（略）

そこを近づいてくる人影がある。（略）

刑事は双眼鏡をとりあげて、目にあてた。その細身の体の男は、黒い服を着て、犬の鎖を両手に引いてゐた。ふと月に照らされた白い顔を見て、刑事は声をあげた。

それはまぎれもなく、富岡家の壁に見た美少年の顔である。……

作品の結末、いよいよ写真から抜け出した美少年が目撃された場面である。もっとも、あくまでもその姿は怪異な現象の予感を持たされた刑事が、双眼鏡で捉えたものである。それも刑事が「睡気」まなこで見た姿であることに留意すべきである。つまりは刑事の錯覚の可能性大であり、刑事ならびに刑事によって導かれた読者の思い込みの中でしか写真中の美少年は姿を現さない、というのがリアリズムの〈小説〉としての読みである。（ちなみに富岡が自分の言った通りだというのは、単なる野犬の仕業ではないという意に止まっている。）

「殉教」同様にミもフタも無いことになるが、これらの作品で語られているのはまったく荒唐無稽な〈物語〉なのではなく、現実に起こりうることでもある。それを現実離れした〈物語〉として受け取るのは読者の錯覚であるが、錯覚の愉悦を保証しているのは語りの手際であり、また作家三島由紀夫のあざとい才能である。判然と醒めており、それでいながらも夢みることに長じた才である。「四十五歳ぐらい」の富岡の顔と同じく、現実世界が醜いことを知り尽くしながらも、三島由紀夫は挫けぬ意志の人だったのであり、醜悪だからこそ現実を超えた世界を夢見んとする想像（創造）の人でもあった。

「孔雀」発表の五年後、奇しくも富岡の年齢の時に悲劇的な自裁を敢行した三島であるが、その行為は〈小説〉（現実）と〈物語〉（非現実）とを取り違えてしまっており、むしろ喜劇の様相を帯びて感ぜられる。〈二重性〉自体を生きるということの苦悩と困難とを、他ならぬ当の作家自身が明かしてしまったというところであろうか……。

（注）旧仮名遣いを通した三島由紀夫のテクストからすれば「ぢつと」とあるべきだろうが、三島特有の仮名遣いとして「じつと」のままにした。以下同。

「近代能楽集」の諸相

《ミシマはやはり小説よりも戯曲だ》と評価している者の一人として、三島テクストの在り方が凝縮して現れている「近代能楽集」で、一様ではないその種々相を一作ずつ読みとってみたい。

なお「近代能楽集」を論じる者の多くが、三島の自作解説等に言及しつつこれに乗って論を展開しているが、それは三島が嫌った私小説に対する研究の常套手段に堕すものと考える。〈作家〉を主題化することによってテクスト自体の可能性を殺ぐ結果になってしまった論は、事実を再現したような私小説と同然で読むに耐えない。当の作家が思いも及ばなかったテクストの面白さ、深さと広さを《読む》ことによって開示することこそが目指されねばならない。

二項対立

「わが友ヒットラー」（昭43）の最後の台詞、《政治は中道を行かねばなりません》には当初から異和感を抱かされていた。三島由紀夫ともあろう者が「中道」を強調するとは何ごとか？　という疑念をぬぐいがたかったのである。学部生のころ、割腹自殺（昭和四五年）の衝撃の意味を言葉にしようと焦りながら「金閣寺」（昭31）論を書いた時も、[1]作品の結句《生きようと私は思つた》もまた不可解でしかたなかった。その時は作者が差し障りのないように「小説的オチ」として「生き」る方向付けをしたもの、という理解で当座をしのいだ。三島由紀夫ならヒットラー讃歌で幕を閉じてしかるべきであろうし、（モデルの事実に反してでも）主人公を金閣寺の炎の中で死なせるのが妥当であろう、というファン心理の勝手な想定から発する不満に近い。遠い記憶を持ち出せば、蜷川幸雄が三島作品を演出した際にエリック・サティ（たぶん著名な「ジムノペディ3番」だった）を使ったら、コアな三島ファンから《ミシマ演劇なら当然ワーグナーでしょう》という抗議を受けたというように、頑迷なファンの抱くイメージは動かしがたいものである。

　こうした疑念や不満は、三島自身の次の言葉が消化できれば解消されるはずであった。

　セルヴァンテスは、ドン・キホーテではなかつた。

（「小説家の休暇[2]」昭30）

　主人公と作家の同一化は、創造と享受の両面において日本文学の目立った伝統であり、その典型として私小説があるのは言うまでもない。アフォリズムに満ちた三島テクストの中から、飛びぬけて切れ味の好いこのフレーズをエピグラフに選び出した磯田光一は、三島の在り方を《ドン・キホーテとサンチョ・パンサとを同時に描かねばならなかったセルヴァンテス》だと説いている。すなわち「愚直な節操をもった殉教者」ドン・キホーテと、「それを嘲笑する傍観者」サンチョ・パンサの双方を自己の内に共存させていた作家の特異性、あるいは日本の伝統に抗する「文学の新しさ」ということであろう。作家の言葉に依りながら、当の作家の本質を射抜いた磯田の理解は、三島由紀夫研究史でもひときわ輝いている。

しかしこの大局的な捉え方によって、三島作品のそれぞれの様相が見えてくるわけではない。三島文学を二項対立で捉えるのはきわめて有効と言えるが、「殉教者」対「傍観者」の対比だけでおのおののテクストが分析できるものでもない。「殉教者／傍観者」の対照は作品によってそれぞれ別の言葉で置き換えられねばならないし、二項対立という用語を強引な手付きでテクストに当てはめても説得力を減ずるだけである。何よりもまずテクスト自体が読めなければ、批評も文学研究も不可能だと知るべきである。

二項対立というとすぐに「弁証法」を口にするアナクロニズムから脱せられない向きもあるやもしれぬが、三島テクストは対立項が新たな「第三項」に向かって「止揚」されていくという在り方は示さない。対立はどちらか一方が他方に対して優位性を獲得することによって解消されるケースが多く、でなければ最初から二つの項が顕在化されず、「憂国」（昭36）のようにひたすら一つの価値観が対立項を持たぬまま造型されるということになる。「近代能楽集」のほとんどは対立が解消されるパターンで三島テクストの典型であろうが、「班女」と「葵上」は他の作品群とはベクトルが逆向きだと考えられる。[3]

作品名と若年時の疑義を呈したままなので、「わが友ヒットラー」と「金閣寺」について現時点の理解を付しておかねばなるまい。前者は緊迫し錯綜した二者択一を強いられたヒットラーが、苦渋の果てに両極を殲滅するという冷酷な「中道」を選択して閉じられる。「中道」など生ぬるいと早合点した未熟者には、「政治」の冷酷さが理解できなかったしだいであった。後者は種々の二項対立を提示しながら、金閣寺という「美」と心中することですべての対立の解消を図ったものと見える。しかし心中が未遂に終ると、〈死〉から〈生〉へと優位性が急に反転するところが、未熟な自分には解りにくかったということであろうか。

「弱法師」

以下アットランダムな順で「近代能楽集」各篇の分析を進めていくが、戯曲を論じる際に伴う舞台や演出の問題は排除して、一つ一つのテクストを《読む》ことに専念する。[4] また原典の謡曲との相関性も、三島戯曲について専門的な見地から傾聴すべき知見を提示している堂本正樹氏などの先行論に譲りたい。三島の得意とした原典からの飛翔のあざとさ自体に本論の興味はないからである。

まずは腕試しとして、ほとんど先行する研究論文のない「弱法師」（昭35）から。

堂本氏は『劇人三島由紀夫』（一九九四）で「この世のをはり」の光景に陶酔して語る俊徳の言と、《（やさしく）いいえ、本当に見ないわ。見たのは夕映えだけ。》と完全に否定する級子のやり取りを次のように論じている。

ここからの静かな、閑浄な対決は、男と女という、永遠の対立者の対立として見事に彫琢されている。

男の見る夢。女の立つ現実。……男の魂哲学への憧れと、女の日常生活への絶対の自信。

卓越した把握でその後の論者も追随しているが、男と女という二項の対照自体が本作で前景化されているわけではない。男女の関係が堂本論の言う「夢」と「現実」の対立として形象化されているのは、「弱法師」以外には「綾の鼓」や「卒塔婆小町」だけである。「熊野」や「道成寺」の場合は、明らかに男女の立脚地が逆転していて堂本論に反する。また堂本氏の理解ではないものの、俊徳の級子との間に男女の葛藤を読む向きもあるが、後述するように無理がある。「弱法師」から読み取れるのは、男女の差異を超えた夢（非現実）と現実との対決であり、夢から解放されることによる現実への回帰という物語である。

ところで俊徳自身は「夢」という言葉を発していないが、「奇蹟」という言い方なら一度だけしている。

……いいですか。あなた方の目はただかういふものを見るためについてゐる。あなた方の目はいはば義務なんです。僕が見ろと要求したものを見るやうに義務づけられてゐるんです。そのときはじめてあなた方の目は、僕の目の代用をする気高い器官になるわけです。たとへば僕が青空のまん中に大きな金色《こんじき》の象が練り歩いてゐるのを見ようとする。さうしたら即座にあなた方は、それを見なくてはならないんです。（略）……さういふ奇蹟を、どんな奇蹟でも、あなた方の目は立ちどころに見なくてはならない。見えないのなら潰れてしまふがいい。……ところで、僕の体の中心から四方へ放射してゐる光りが見えますね。

俊徳の身体から光りが放射したらそれこそ「奇蹟」に違いなかろうが、二組の親たちは（言葉の上だけでも）それを信じるように強いられる。俊徳自身が「見ようとする」のは、くどいほどくり返す「この世のをはり」である。俊徳が戦火を「この世のをはり」だと言いはるのは、《五つのとき、戦争の最後の年、僕の目を炎で灼いたその最後の炎までも見た》からである。戦火で失明して「光り」を失って以来、俊徳は「現実」の世界を拒絶して自分だけの世界に閉じこもり続けている。失明の悲劇的瞬間を自己劇化して、それを自身の拠り所（アイデンティティ）にして他者を寄せ付けようとしない。俊徳を自分の子供として確保したがる二組の親たちの弱みに付け込み、盲目という特権を利用して親たちを己が言うままに支配してみせる。スネて我がまま放題の俊徳が語る「奇蹟」を信じるフリをすることによって、彼をスポイルしてしまう親たちとは正反対に、「奇蹟」も「この世のをはり」も真っ向から否定してみせるのが、調停委員の桜間級子である。イエスマンになりきった親たちに対しては絶対者でいられる俊徳の言葉を、級子はそのつど否定する。

俊徳　（略）……ひどく暑いな。まるで炉の中にゐるやうだ。僕のまはりに火が燃えさかつてゐる。火が輪踊りをしてゐる。さうでせう、桜間さん。

級子　（微笑して）いいえ、今は夏だからですよ。それにあなたは、そんなにきちんと紳士らしい服を召していらつしやるから。

俊徳が特権化された〈過去〉の時間に閉塞しているのに対し、級子は〈現在〉のありのままの世界を提示して〈合理的〉な説明を加えているわけである。その後も級子は俊徳の〈非合理的〉な在り方や言葉に対してきっぱりと「いいえ」を発し続け、否定の人たる位置を守り通す。俊徳が〈夢・奇蹟・過去・非合理〉の世界を破って〈現実・現在・合理〉の世界を承認しつつ回帰して行くのは、否定の人であった級子が肯定の人に転じた時である。

俊徳　あつちへ行けと言つたらう。けがらはしい！
級子　いいえ。
俊徳　けがらはしいと言つたのがきこえないのか。
級子　でも私はここにゐますよ。
俊徳　なぜ。
級子　……あなたが、少し、好きになつたから。

俊徳　（――間）君は僕から奪はうとしてゐるんだね。この世のをはりの景色を。
紛子　さうですわ。それが私の役目です。
俊徳　それがなくては僕が生きて行けない。それを承知で奪はうとするんだね。
紛子　ええ。
俊徳　死んでもいいんだね、僕が。
紛子　（微笑する）あなたはもう死んでゐたんです。
俊徳　君はいやな女だ。本当にいやな女だ。
紛子　それでも私はここにゐますよ。私を行かせるには、……さう、教へてあげるわ。何かつまらない、この世のをはりや焔の海とは何の関係もない、ちつぽけな頼み事をして下さればいいんだわ。

肯定の人に転じた紛子の面目は、「さうですわ」「ええ」という同意の言葉に端的に現れている。「あなたが、少し、好きになつたから。」という発言は、ことのほか重要と思われる。俊徳のレゾン・デトル（存在する根拠）であった「この世のをはりの景色」を否定したままなら、俊徳を救うことは決してできないはずである。「好きになつた」という真意のこもった言葉で他者から素直に受け容れられたからこそ、俊徳は自己を開くことができたわけである。別言すれば〈過去〉の特権的な時間に閉じて「死」んだままの状態から解き放たれ、〈現実〉の世界に〈生〉きることができるようになったのである。級子は「この世のをはりや焔の海」を忘れて〈日常〉的な「ちつぽけな頼み事」をするように仕向けて、〈非日常〉的世界を脱しつつある俊徳の背中を押す。この〈日常〉的な行為こそ、実は俊徳が恐れていたものである。

他人の日常生活をとやかく言ふには当らない。ただ不幸なことに、目あきには自分の日常生活の絵がまざまざと見え、僕には倖せにもそれが見えないだけ。見えないはうがましですね。それは怖ろしい顔をしてゐるに決つてゐるから。……僕は平気だ、庭の草花に水をやつたり、芝刈り機を動かしたりすることも。怖ろしいことを見ずにやれる！　だつて、もう終つてしまつた世界に花が咲きだすのは怖ろしいことぢやないか。もう終つてしまつた世界の土に水を灌ぐのは！

過去において「終つてしまつた世界」に花が咲くのが「怖ろしい」というのは、世界が〈生〉き返ることで俊徳の存在を根源から動揺させ否定することになるからである。親たちに向かって俊徳が、《ただあなた方はその恐怖を意識してゐない。屍のやうに生きてゐる。》と言うのは、俊徳からすれば「日常生活」につかりきっている者こそ、レゾン・デトル（存在理由）を欠いているので「死」んだように見えるからである。この見方を反転させたのが級子であることは、先に指摘したとおりである。

俊徳　やはらかい手をしてゐるんだね。もつと苦労してゐる人かと思つた。

級子　さう、私は苦労を知らないわ。あなたと比べたら。
俊徳　（誇らしき微笑）頼めばいいんだね、召使に言ふやうに。
級子　お姉さんに言ふやうに、と仰言い。
俊徳　ふふ、僕、腹が空いちやつた。

まるで幼児のように見える俊徳の姿であるが、幼い頃から自己閉塞していたのであるから精神年齢は幼児のままである。それを見透かしたような級子の応対は見事というほかない。これを《俊徳がこの世の法則に合わせているにすぎない》などと俊徳を中心化しすぎる三島論者は、自らが単純なドン・キホーテであることをさらしている。[6] セルヴァンテスはドン・キホーテではなかった、という三島自身の言葉を反芻すべきであろう。「お姉さん」という言い方で明快なように、二人に男女としての意識を読むにも当たらない。俊徳を解きほぐすという「役目」を意識しつつ余裕をもって接している級子が、俊徳に「ほのかな好意さえ抱く」などと読んでいる姿は、風車に激突するドン・キホーテさながらである。

〈非日常〉の側が完全に〈日常〉によって敗れた形ではあるが、勝者と敗者の劇的な対照が前景化されているわけではない。俊徳が〈非日常〉化することで己れを特権化していた夕陽の代りに、級子が「日常生活」の一コマのように電灯をつける。そこには日常の中に相対化された、かつての絶対者・俊徳の小さく自足した姿が残される。盲目でありながらも一方的に見る（支配する）立場であった俊徳が、「一人ぽつねんと」している姿を見られる（相対化される）だけである。しかし孤独ではない。幼い心のままに、自分が「誰からも愛される」と信じて足りているからである。

「綾の鼓」

次もあまり先行研究の見当たらない「綾の鼓」（昭26）。そもそもテクストそのものが露骨に二項対立を表示しているので、基本的構造は理解しやすい。下手は「善意の部屋。真実の部屋。」であり、上手は「悪意の部屋。虚偽の部屋。」とこの上なく明確に対照されている。それぞれの部屋の登場人物たちはこの区分けからはずれる言動をなすことはないが、ヒロインの華子だけは微妙な立ち位置にいる。「悪意」の人々が「善意」の岩吉を図らずも死に追いやるものの、華子がそれに積極的に加担するそぶりを示しているわけではない。その関わり方が微妙なのである。華子は第一場（昼間の場面）において終始無言を通しているので、その心中が測りがたい。それでも戸山の台詞「でも人を苦しめるのは大好きですよ、奥さんは。」に注目すれば、本人の意図はともあれ結果的に「人を苦しめる」ことが少なくないようである。

鳴らない鼓で岩吉をからかう際にも「(華子、微笑してうなづく)」というト書きのとおりで、反対せずに「(窓ぎはへみちびかれる)」まま姿を岩吉にさらしている。からかわれていることに気付いた岩吉を見て、「(――上手の窓の人たち一せいに笑ふ)」とあるが、ここに華子が含まれているのか否かがもっとも微妙である。「あんた方は笑ひながら死ぬだらう」という岩吉の恨み言から察せられるのは、華子が上手の他の人たちと異なった態度や表情を示したわけではないということである。しかし岩吉の投身自殺を知った第一場末尾では、

（——一同声をあげて席を立ち右往左往する。あるひは窓をあけ、あるひは階下へ走り去る。華子一人中央に凝然と立つてゐる）

と、他の「悪意」の人々とは明らかに差異化されている。

第二場（深夜の場面）における岩吉の亡霊とのやり取りで、やっと華子自身の弁明が語られる。

亡霊　あんたは幽霊までもたぶらかさうといふおつもりか。

華子　どうしてあたくしにそんな力があるでせう。あたくしの力は可哀想なお年寄を一人殺しただけです。それもあたくしがほんのわづかうなづいたから起つたことですの。自分で手を下したわけぢやありません。

岩吉を殺したことになったのは、あくまでも結果論だというのが華子の言い分である。華子の言わんとするところは、右の台詞の前後から読み取ることができる。

華子　あなたに招かれてやつて来ました。でもあなたはまだあたくしを御存じない。あたくしがどうしてここへやつて来られたかご存じない。……

亡霊　儂《わし》が引寄せたからだ。

華子　いいえ、人の力を借りなくては、人のとほるドアはあきません。

（略）

亡霊　ああ、星がいつぱいだ。月はみえない。月は泥だらけになつて地面へ落ちてしまつた。儂は月のあとを追つて身を投げたんだ。いはば儂は月と心中したんだ。

華子　（街路を見下ろして）どこかに月の亡骸《なきがら》がみえて？　そんなものは見えはしないわ。真夜中の流しの自動車が走つてゐるだけだわ。

華子を月に生えると言われる桂の木に譬えるほどロマンチックに理想化した岩吉は、死後もその夢想から覚めていない。いかに美化されようが、しょせんは神ならぬ人間でしかない華子は、鍵と人力によってドアを通るほかない。あまりに華子を神格化（絶対化）してしまった岩吉は、華子が一人の人間にすぎないことが見えなくなっている。「あなたはまだあたくしを御存じない」という台詞は、死んでも夢想の世界に閉じこもったままの岩吉の思い違いを突いているのである。自分は月と心中したのだと言うほど呆けている岩吉の亡霊に対し、「そんなもの見えはしない」と断言しつつ車の走る〈現実〉の世界を見せようとする。

亡霊　だが儂はもう幻ぢやない。生きてゐるあひだ、儂は幻だつた。今では儂の夢みたものだけが残つてゐる。儂を失望させることはもう誰にもできない。

華子　でもお見うけしたところ、あなたはまだ恋の化身とは云へませんわ。（略）今の世の中で本当の恋を証拠立てるには、きつと足りないんだわ、そのために死んだだけでは。

亡霊　あなたは幽霊に証拠を求める気か。（ポケットをはたきながら）ごらん、幽霊は一文なしだ。儂は証拠といふ財産をなくしてしまつた。

華子　あたくしは証拠だらけだわ。女の中には恋の証拠がいつぱいあるのよ、その証拠を出したら最後、恋でなくなるやうな証拠がいつぱい。でも女が証拠をもつてゐるおかげで、男の人は手ぶらで恋をすることができるのよ。

堂本論の言う、男のみる「夢」と女が生きている〈現実〉とが、根本から食い違って対照されている場面である。華子の言わんとするのは、「今の世の中」では岩吉の考える「本当の恋」など成立しえないということ、それは死によってさえも証明しえないということである。華子から見れば、岩吉は「夢」の中に閉じこもることで「失望」することから免れ、自分を守っているだけである。「夢」の世界に自己閉塞している岩吉は、「世の中」（現実）を見ようとしていない。したがって岩吉は「本当の」（現実の）華子から目をそむけ、彼女が「真心のない男たち」に鍛えられ、刺青をしたスリに仕立て上げられていたという過去を認めようとしない。「本当の」華子を受け容れてしまったら、彼女を美化することで担保されていた「夢」が崩壊してしまうからである。《わかつた、あなたは儂の執念をおそれてゐるんだ。儂に愛想尽かしをさせるやうに仕向ける気になつたにちがひない。》と見当はずれな受け止め方で納得しようとした岩吉は、華子から刺青について打明けられると幼い恨み言を浴びせる。

亡霊　売女《ばいた》め、あんたは二度まで儂をなぶりものにした。一度では足りずに、……

華子　一度では足りずに、さうだわ、……一度では足りないんだわ。あたくしたちの恋が成就するにも、わたくしたちの恋が滅びるにも。

微妙で難解な台詞である。「一度では足りない」とすれば何度なのか、と問う発想自体を華子は否定しているようである。なぶられるなら一度でいいものをと恨む岩吉は、「一度」を絶対化することによって、くり返すという考え方を潔癖に拒否しているものと考えられる。男たちから望んでもいない「証拠」をくり返し強いられ・負わされてきた華子からすれば、たった「一度」の屈辱に打ちのめされて己れだけの世界に閉じようとする岩吉と自分との間には、「あたくしたちの恋」など始まりもしなければ終りもしないということであろう。とすれば、以下のやり取りも同様のすれ違いを示していると読める。

華子　鼓が鳴らなかつたのは、鼓のせゐぢやありません。
亡霊　儂は今でもあなたを慕つてゐる。
華子　今でも！　あなたが亡くなつたのはたつた一週間前ですわ。

華子に「祟《たた》らう」とするような、自分の思い込みの中に閉塞して責任は他に転嫁する岩吉の狭量さこそが、華子には受け容れがたいのである。「たつたの一週間」を壮大な時間の体験のように押し付けがましく語る、岩吉の自己中心的な思い違いが許せないのである。岩吉の考え方には他者の存在が欠落しているから、「百」という数を絶対化してそれ以上打とうとはしない。「百」という数字の完結性に合わせて諦め、勝手に自己閉塞してしまう。華子の最後の台詞《あたくしにもきこえたのに、あと一つ打ちさへすれば。》は、硬直化した岩吉の在り方を根底から批判しているのである。「百一」とは呪縛が解かれた、自由な相対世界の表象である。

舞台を上手・下手の二つに区切るのは、歌舞伎「妹背山女庭訓」の一場の再現だというのは、まったく堂本氏の指摘のとおりながら、氏のテクストに臨む姿勢には賛同しかねる点もある。テクストに《矛盾、もしくは書き足りなさがある》としたり、テクスト外の三島の自作言及を引用しながら《三島にとっても矛盾を抱え込んだ幕切れ》と規定して終ると、読解そのものの放棄になりかねない。もちろん右に示した拙考が唯一の読みであるはずもないながら、テクストの挑発と誘いには可能なかぎり乗り、《読み》の楽しさを味わうべきであろう。

テクストを読むことに徹すれば、軽視されがちな第一場にも押えておくべき場面が布置されているのに気づくはずである。華子を「でも大した美人ぢやないわ。」と見る加代子に対し、恋とは「おのれの醜さの鏡で相手を照らすもんだ。」と応じる岩吉とのやり取りに、すでに〈現実〉と「夢」との対立が提示されているのは見やすい。注目すべきは「悪意」と「虚偽」の部屋を代表しているような、金子の台詞である。

このぢいさんは自分一人苦しんでゐると思つてる。その己惚れが憎たらしい。われわれだつて同様に苦しいんです。ただそれを口外するかしないかの違ひですよ。

大体において、われわれはこのぢいさんみたいな存在を唾棄すべきものだと思ふんです。われわれはさういふ存在を許しておけないんです、本物の感情といふ奴を信じてゐる存在をね。

すべて問題は相対的なんです。恋愛といふやつは本物を信じない感情の建築なんです。しかるに何ぞや、あのぢいさんは不純だよ、冒瀆だよ、われわれを馬鹿にしてゐる。いい気になつてます。つけ上つてますよ。

説明するまでもあるまいが、金子の考え方は第二場の華子の思いに呼応している。己れの感情を「本物」だと絶対化しつつ《自分一人苦しんでゐる》と思っている岩吉の自己完結が憎たらしいと思うのは、強度は別にしても華子に通じている。《すべて問題は相対的なんです》という断言は、絶対化（硬直化）から逸脱することができない岩吉の在り方を、根本から批判しているのを見逃すべきではない。

「卒塔婆小町」

さよですか。今度私の一門で舞踊劇をいたします。（紙を配る）これをどうぞ。……奥さんは百枚引受けて下さるといふお話でした。（「綾の鼓」）

右の「百」は単純に「たくさん」という意味に止まるであろうが、岩吉の「百通」のラブレターや「百打ちをはつた」の「百」とまったく無縁とも言えない。数値が一致する以上、単なるノイズで終るわけもなく、「百」を絶対化する岩吉の心情を読み手（観客）の心中に浸透させる働きを果たしているであろう。

「百」という数の神話化を補強していると言い換えてもいいが、「綾の鼓」が「百」という数字にこだわっているのは、「卒塔婆小町」（昭27）を意識しているためだというのは断るまでもあるまい。しかし「卒塔婆小町」における「百」という数字の現れ方は、「綾の鼓」ほど単純ではなく、無理をしてまでも「百」にこだわっているようにも見える。

詩人　いやね、今僕は妙なことを考へた。もし今、僕があなたとお別れしても、百年……さう、おそらく百年とはたたないうちに、又どこかで会ふやうな気がした。
老婆　どこでお目にかかるでせう。お墓の中でせうか。多分、さうね。
詩人　いや、今僕の頭に何かひらめいた。待つて下さい。(目をつぶる、又ひらく)こことおんなじ。こことまるきりおんなじところで、もう一度あなたにめぐり逢ふ。
老婆　ひろいお庭、ガス灯、ベンチ、恋人同志……
詩人　何もかもこことおんなじなんだ。そのとき僕もあなたも、どんな風に変つてゐるか、それはわからん。
老婆　あたくしは年をとりますまい。
詩人　年をとらないのは、僕のはうかもしれないよ。
老婆　八十年さき……さぞやひらけてゐるでせうね。
詩人　しかし変るのは人間ばつかりだらう。八十年たつても菊の花は、やつぱり菊の花だらう。

二人のやり取りのうちに「百年」が「八十年」にスライドしてしまうのは不可解に見える。その直後でも幕切れ近くでも、詩人は「百年」と言い換えているのだから、右の引用箇所でも「百年」であった方がテクストとしては安定する。先に「八十年」と言うのが老婆であり、詩人は思わずそれに「八十年」と応じているだけであって、その後はもともとの自分の発想である「百年」に戻ったと見られる。とすれば老婆はなぜ「八十年」と言い換えたのであろうか。鹿鳴館の場面に転換される直前に次のような会話がある。

詩人　わかつたから昔の話をしてくれ。八十年、ひよつとすると九十年かな、(指で数へてみて)いや八十年前の話をしてくれ。
老婆　八十年前……私は二十《はたち》だ。そのころだつたよ、参謀本部にゐた深草少将が、私のところへ通つて来たのは。

詩人は老婆が美の絶頂であったと思われる、「八十年前」を語らせようとしているわけである。やがて二人は外見そのままで「八十年前」の、すなわち鹿鳴館時代の深草少将と小町の意識に転じて先のやり取りになるのであるから、深草少将になった詩人の意識の中で「百夜通ひ」の「百」が神話化されたまま「百年」につながったと思われる。「九十九歳」だという老婆の年齢も、詩人に「百」を連想させる働きをしているであろう。《奇蹟なんてこの世のなかにあるもんですか。奇蹟なんて、……第一、俗悪だわ。》と語る老婆は、全てを見通している観点から、冷静に「二十」の頃から「八十年」経った「百年後」に詩人に会ったという計算をしているわけであろう。「百」という完結感のある数を神話化して、「百」に固着したままで脱けられない詩人の姿は、そのまま「綾の鼓」の岩吉を想起させずにはおかない。

詩人　僕は今すぐ死んでもいい。一生のうちにそんな折は、めつたにあるものぢやないだらうから、もしあれば、今夜にきまつてゐる。
老婆　つまらないことを仰言いますな。
詩人　いや、今夜にきまつてゐる。もし今夜を他《よそ》の女たちとすごしたやうに、うかうかすごしてしまつたら、ああ、考へただけでぞつとする。
老婆　人間は死ぬために生きてるのぢやございません。
詩人　誰にもそんなことはわからない、生きるために死ぬのかもしれず……
老婆　まあ、俗悪だわ！　俗悪だわ！

「百夜通ひ」の深草少将になりきって〈陶酔〉している詩人の、「生きるために死ぬ」という発想は、〈自己否定による自己証明〉であって、岩吉の言動と大同小異である。老婆がそれを「俗悪」だとくり返すのは、彼女がすでに〈陶酔〉の虚妄を知り尽くしているからである。冒頭近くで老婆から「しかし寿命はもう永くない。死相が出てゐるよ。」と言われた詩人が、「（おどろかず）」に「おばあさんは前身は人相見かい。」と応じるのも、「生きるために死ぬ」ことに酔っているからである。深草少将として死ぬことになる詩人とは異なるものの、公園に集う恋人たちも老婆からすれば、「男も女も目をつぶつてゐる。そら、あいつらは死人に見えやしないかい。」ということになる。恋人たちが「退屈」そうに鶏やネクタイや終電車など、〈日常〉的なものを話題にし始めた時の姿こそ、老婆からすれば〈陶酔〉から覚めて「生き返」って見えるのである。

いいや、人間が生き返つた顔を、わたしは何度も見たからよく知つてゐる。ひどく退屈さうな顔をしてゐる。あれだよ、あの顔だよ、わたしの好きなのは。……昔、私の若かつた時分、何かぽうーつとすることがなければ、自分が生きてると感じなかつたもんだ。われを忘れてゐるときだけ、生きてるやうな気がしたんだ。そのうち、そのまちがひに気がついた。（略）今から考へりやあ、私は死んでゐたんだ、さういふとき。……悪い酒ほど、酔ひが早い。酔ひのなかで、甘つたるい気持のなかで、涙のなかで、私は死んでゐたんだ。……それ以来、私は酔はないことにした。これが私の長寿の秘訣さ。

「生きるために死ぬ」などという「酔ひ」から免れて、〈日常性〉に復帰することこそが「生きる」ことだという価値の転倒が主張されているわけである。老婆の言うところが説得的なのは、若い頃に「悪い酒」に酔った経験を踏まえているからであろう。「若かつた時分」とは、（テクスト外の小町伝説をおいて読めば）鹿鳴館の頃ということになる。

（声はなはだ若し）噴水の音がきこえる、噴水はみえない。まあかうしてきいてゐると、雨がむかうをとほりすぎてゆくやうだ。

（略）

……まあ、この庭の樹の匂ひ、暗くて、甘い澱《よど》んだ匂ひ……

若返った声で独り言をつぶやいている老婆の意識は小町のもので、一時的に「酔ひ」の中にいると見てよかろう。「八十年前」を深草少将と共有した「酔ひ」の果て、少将を喪って生き残った老婆は、すでに「酔ひ」が去った後の「退屈」を知り尽くしている。最初に登場するところから早くも「酩酊」している詩人に対し、「酔はない」ことに決めていた老婆の考え方が正反対なのは当然である。死に急ぐ詩人と、長命の生を得た老婆との対比は、言うまでもなく「綾の鼓」にも通じる〈非日常〉と〈日常〉との対立に他ならない。しかし岩吉と詩人が似ているほど、華子と老婆が似ているわけではない。

華子　ああ、早く鳴らして頂戴。あたくしの耳は待ちこがれてゐるんです。

亡霊　六十六、六十七、……ひよつとすると、鼓がきこえるのは、儂の耳だけなのかしらん。

華子　（絶望して。傍白）ああ、この人もこの世の男とおんなじだ。

亡霊 （絶望して。傍白）誰が証拠立てる、あの人の耳にきこえてゐると。

（華子と亡霊の台詞・略）

華子 はやくきこえるやうに！ 諦めないで！ はやくあたくしの耳に届くやうに！ （窓から手をさしのべる）諦めないで！

亡霊 （略）……九十八、九十九、……さやうなら、百打ちをはつた、……さやうなら。

（――亡霊、消える。鼓鳴りやむ）

（――上手の部屋に華子茫然と立つてゐる。あはただしく扉を排して戸山登場）

戸山 奥さん！ ここにいらしたんですか。よかった！ みんなであなたを探し回つたんです。どうしたんです。夜中に抜け出すなんて。どうしたんです。（体をゆすぶる）しつかりして下さい。

華子 （夢うつつに）あたくしにもきこえたのに、あと一つ打ちさへすれば。 ――幕――

二回目のやり取りが二人共に「（絶望して）」いる点に留意すべきであろう。華子が「（窓から手をさしのべ）」てまで「諦めないで！」と叫んでいる必死さは、「本当の恋」の可能性に未練を残している「証拠」であろう。だからこそ亡霊が消えてしまうと「茫然」としてしまうし、最後の台詞も「（夢うつつ）」なのである。「あと一つ打ちさへすれば」は前述のとおり岩吉に対する批判でもあるが、「絶望」しつつも「諦め」きれない華子の切実な願いでもあったわけである。

「卒塔婆小町」の老婆には、華子のような秘められた願望は無いようである。

（詩人は息絶えて斃《たお》る。黒幕閉ざさる。老婆、ベンチに腰かけてうつむきゐる。やがて所在なげに吸殻をひろひはじむ。この動作と相前後して、巡査登場して徘徊す。屍を見つけて、かゞみ込む）

現在の時空に戻って「うつむきゐる」老婆の心中は測りがたいが、深読みは禁物であろう。《典拠の小町には、結末に救済が用意されているが、翻案の老婆には救いがなく、業の継承が暗示される》[7]という見方もあるが、典拠に引きずられ過ぎた解釈と思われる。「救い」が無いというほど老婆が落ち込んでいるとも思えないし、「酔ひ」を拒絶して「長寿」を選んだ老婆は、改めて吸殻拾いをしながら次の深草少将が現れるのを待つのみである。

「おまへに色気を？　笑はせるない。」と言う巡査に向かって、「（憤然として）何がをかしいんだよ。ありがちのことですよ。」と返す老婆には小町としてのプライドがあり、鹿鳴館におけるような〈陶酔〉の記憶がある。一時的なはかない〈陶酔〉ではあろうが、充たされた思いを得ていたのは確認したとおりである。

「道成寺」

「綾の鼓」と「卒塔婆小町」の類似と差異を確認したわけであるが、「弱法師」はこの二作品ではなく「道成寺」（昭32）に似ている。二項対立が二作品ほど前景化されていない点においてである。俊徳の自己閉塞が級子によって解かれるように、「道成寺」の清子の硬直した思い込みがほどけて開放（解放）されて行くストーリーだからである。相違点を上げれば、級子のような存在が明確には現れないところである。「主人」が級子の位置に相当するように見えるが、彼は〈日常性〉の側を代表するだけで清子の〈非日常性〉を解く作用をするわけではない。清子は他者からの影響とは関係なく、己れの自縄自縛を脱していくだけである。

結論を先に述べたので後は簡略に済ませることができるように思われるものの、そうたやすくには行かない。巨大な簞笥に閉じこもってしまった清子が硫酸を浴びて醜女に変身することなく、無事に外に出てきて〈現実〉世界で生き抜こうという姿勢で立ち去って行く基本線だけ見れば、確かに俊徳の女性版と読むことができよう。しかし俊徳の思い込みに当たるものとして、清子は何を抱え込んでいるのか、なぜ簞笥の中に閉じこもろうとしたのか、なぜ硫酸を己れの顔にかけようとしたのか、と問うた時に簡単に答えが出せるわけではない。そもそも清子自身も、なぜ安が自分を捨てて十歳も年上の桜山夫人に奔ったのか、という難題を解けずに迷走しているのである。

清子　あの人はこの私から逃げたかつたのにちがひないわ。（二人沈黙）……ねえ、どうしてでせう。この私から、こんな可愛らしいきれいな顔から。……あの人は自分の美しさだけで、美しさといふものに飽いてゐたのかもしれないわね。

主人　贅沢なお嘆きですね。（略）

清子　でもあの人だけは私の若さと、私の美しい顔から逃げ出したんです。たつた二つの私の宝を、あの人は足蹴にかけたんです。

もちろん安自身の言葉は残されていないから、実際のところは誰にも分からない。安も美しかったようではあるが、他ならぬ自分の「美しい顔」が安には重荷だったと清子は解釈してみせる。清子には己れの「美しい顔」に対する過剰な思い入れがあるのは否定すべくもなく、それが安にはプレッシャーだったという可能性も十分考えられる。いずれにしろ問題は清子の考え方である。

今では私のたつた一つの夢、たつた一つの空想はかうなんです。ともするとあの人は、私が二目と見られない醜い怖ろしい顔に変貌すれば、そんな私をなら愛してくれたかもしれないと。不満なんて、そんな小さな言葉。私はそんな世界には住んではゐません。あの人と私とが末永く愛し合ふためには、何か一つ歯車が足りなかつたんです、その機械が滑らかに動くためには。私はその足りない歯車を見つけだしたの。その歯車こそ私の醜く変つてしまつた顔ですの。

「何か一つ」足りないと言われると、「綾の鼓」の「あと一つ打ちさへすれば」が想起されるであろう。清子の少し前の台詞「……よくごらんなさい。私は老けてはゐなくて?」も「卒塔婆小町」を思わせるので、『近代能楽集』全篇を視野に置いた間テクスト性という課題も浮かび上がってはくるものの、ここでは先を急ぎたい。華子に揃えて言うわけではないものの、清子は己れの「美しさ」という完璧さに閉じている状態を打破しなければ、らちが開かないと思い込んでいるわけである。その自己完結を溶かすために硫酸を顔にかけるという考え方自体は異常ではあるが、清子のアパートの管理人が言うように《あの子は恋人が殺されて間もないし、気性のはげしい娘ですから、何をやり出すかわかりませんや》という精神状態のためであろう。

清子の自己閉塞した考え方がほどけるのは、安が桜山夫人と一緒に殺された簞笥の中である。

主人　硫酸を浴びる勇気が、その瀬戸際になつてなくなつた。さうだね?

清子　いいえ。我に返つて、また小瓶の蓋をしめたの。勇気がなくなつたからではないわ。そのとき私にはわかつたの。あんな怖ろしい悲しみも、嫉妬も、怒りも、悩みも、苦しみも、それだけでは人間の顔を変へることはできないんだつて。私の顔はどうあらうと私の顔なんだつて。

主人　ごらん、自然と戦つて、勝つことなんかできやしないのだ。

清子　いいえ、負けたのぢやありません。私は自然と和解したんです。

主人　都合のいい口実ですな。

清子　和解したんです。（その手から小瓶がポロリと床に落ちる。主人あわてて、それを蹴とばす。）……今は春なのね。はじめて気がついたわ。永いこと私には季節がなかつた。あの人がこの簞笥に入つてから。（あたりの香をかぐやうに）今は春のさかりなのね。

「都合のいい口実」にも聞こえるであろうが、きっかけは何にしろ清子が「我に返つ」たという自覚が大事である。醜女に変貌すれば安が戻ってくるという思い込みから吹っ切れたのである。その時初めて清子は四季のある〈外〉の世界の存在に気付く。安が柩《ひつぎ》や墓にも譬えられる簞笥に閉じこもったように、自己の〈生〉を思い込みという墓の中に閉塞させていた状態から解放されたのである。右のやり取りでキーワードになっている「自然」には、先行する会話がある。

清子　でも私の夢が叶へられたら……
主人　まさか彼氏が生き返りもしますまい。
清子　いいえ、生き返るかもしれませんわ。
主人　無いものねだりが高じた末に、あんたは怖ろしいことを思ひついた。あんたは自然を認めまいとしてゐるんだ。
清子　（略）その通り。私の敵《てき》。あの人と私の恋の仇《かたき》は、桜山夫人ではなかつたのよ。それは、……さうだわ、自然といふもの、この私の美しい顔、私たちを受け入れてゐた森のざわめき、姿のいい松、雨のあとの潤んだ青空、……さうだわ、あるがままのものみんなが私たちの恋の敵だつたのね。それであの人は私を置いて、衣裳簞笥の中へ逃げたんだわ。あのニスで塗り込めた世界、窓のない世界、電灯のあかりしかささない世界へ。

清子は死んだ安が生き返るという「夢」を、切実に信じていたからこそ簞笥の中で硫酸を浴びようとしたのである。死者が蘇るはずはないと主人が言う「自然」と、清子の言う「自然」には多少のズレがある。安と自分を取り巻いていた「あるがままの」世界が清子の「自然」であり、生きた「自然」から逃れるために安は簞笥に閉じこもったと清子は解釈しているのである。実際の安がそう思ったかどうかを問うても意味はない、そういう考えに囚われていた清子が反転して、「自然」を「受け入れ」たことが重要なのである。〈死〉の世界に閉じた安に執着することから解放されて、「自然」の世界における〈生〉を貫くことにした清子の強さである。《誰がこのさき私を傷つけることができるでせう。》という清子は強がりを言っているのではない。安のように〈死〉に閉じることを拒絶し、〈生〉を選択して「風のごとく」去って行く清子の最後の台詞は、決意と自信に満ちている。

でももう何が起らうと、決して私の顔を変へることはできません。

「熊野」

「熊野」（昭34）における〈閉塞〉対〈開放〉の対照は捉えにくいかもしれない。

私が一旦かうと決めたことは、変へるわけには行かんのだ。

俺に大切なのは今といふ時間、今日といふこの日だよ。その点では遺憾ながら、人のいのちも花のいのちも同じだ。同じなら、悲しむよりも楽しむことだよ、ユヤ。

右の台詞を読むと、己れの考え方に〈閉塞〉しているのは宗盛だと勘違いする向きもあるかと思われるが、彼の傍若無人な自分の貫き方には根拠があることが判明していく、という流れである。己れの「感情」に閉じているのは実はユヤの方であり、宗盛はユヤの閉じた姿勢を正していく、という展開の仕方は計算し尽くされている印象である。

（ユヤの顎をとつて）その悲しさうな顔を今度は、勇気を出して楽しみのはうへ向けるんだ、ユヤ。君の顔は月のやうなもので、楽しみの光りを受ければ照り、悲しみの影を受ければ翳《かげ》る。自分の感情にがんじがらめになるのはよして、思ひ切つて楽しみへ身を投げるんだ。いいか。さうすれば若い君は、おふくろの病気なんか忘れてしまへる。

母親が病気だという虚偽を理由にして北海道の恋人に会いに行きたがっているユヤに対し、宗盛は虚言に気付いてない振りをして「自分の感情にがんじがらめ」にならずに、「楽しみ」へ自分を開くように促している。ユヤは母親が重篤な病気で死にそうだという「悲しみ」を想定して、その中に「がんじがらめ」になっている自分を演出しているわけである。ユヤの「悲しい」表情の裏には、恋人の薫に会えるという「楽しみ」が隠されているので、宗盛に自分を「触らないでね」と言う拒絶には真実味がある。それを知らない読者（観客）の同情を引くには母親の病気だけで十分な場面ではあるが、直前には秘書からの電話に応対する宗盛の台詞が置かれている。「そりやあ御苦労だつた。」という言葉は、後になると本当は健康な母親を北海道から連れてきた報告らしいと判るのだから、再読した方が楽しめるテクストである。

論としては種明かしめいたことを先に言ってしまったので、後は落穂拾いめいたことを付せばいいだろうか。宗盛は何度も「感情」という言葉を口にしながらユヤの〈閉塞〉を開こうとするが、ユヤは「道成寺」の清子と同じく「愛」を口にしつつ閉じている。

ユヤ　（顔をおほつて）愛してゐたら、そんなわけはないわ。愛していらつしやらないんだわ。

宗盛　又愛なんぞといふものをそこへ持ち出す。俺は楽しみのことを言つてゐるのだ。君を連れて花見に出かける。それで俺は満足だし、楽しいんだ。

「感情」にしろ「愛」にしろ、ユヤはそれに〈陶酔〉しているだけだというのが宗盛の把握であり、彼の強調する「楽しみ」が思い込みからの〈解放〉を意味するのは見やすいだろう。それにしても宗盛の徹底ぶりは常人の域を超えている。『近代能楽集』に通底するものとして指摘される、〈ニヒリズム〉を体現する一人であろう。
ユヤ　もし母の死目に逢へなければ、後悔に苦しむのは私ですわ。
宗盛　君がどうして後悔する。何もかも俺のせゐにして、俺を怨めばすむことだ。花見に行きさへすれば、君も俺も二人ながら、あの後悔といふやつを免かれる。
朝子　あなたのはただの楽しみの後悔。
ユヤ　私のは一生ついてまはる怖ろしい後悔。
宗盛　二つながら消えるだらう。黙つてついて来さへすれば。目をつぶり、何も考へず、黙つて俺についておいで。後悔はこの世から消えるだらう。さうして悲しんでゐる美しい女の、世に稀な花見の姿だけが、人の記憶に残るのだ。
朝子　ユヤを人形にしたあげく、あなたは今度はユヤを美しい絵の中に、塗りこめてしまふおつもりなのね。

宗盛が「後悔」を「真黒な陰気な顔をした化物」として毛嫌いするのは、それが抗いようもなく自分だけの「感情」に閉塞させるからであろう。それから免れるためには、残されたチャンスが今日だけの花見に行かねばならないのであり、ユヤに「後悔」させないためには、自分が憎まれ役になっても構わないとまで余裕のあるところを示す。それほど宗盛にとっての花見は「ただの楽しみ」ではなく、「後悔」によって自己閉塞しないために大切なものである。一生ものの「後悔」として自己劇化にいそしんでいるユヤとの対照は滑稽でさえあるものの、恋人に会えなくなるユヤ本人からすれば、癒しようのない悲しみとなる。

北海道で病んでいるはずの母親が連れ出されてきて急転回し、宗盛に許されたお蔭で彼のもとから去らずに済んだユヤの二人が残される。幕切れの台詞のやり取りは、唐突のようでありながらも、右のやりとりにおける宗盛の言葉で説明されている。「悲しんでゐる美しい女の、世に稀な花見の姿」がそれである。

ユヤ　ひどい雨ね。今日はお花見ができなくて残念。

宗盛　（自分の首に捲かれたユヤの腕を軽く解きほぐし、その手を握つたまま、女の顔をやや遠くから見つめて）いや、俺はすばらしい花見をしたよ。……俺は実にいい花見をした。

――幕――

虚構の「感情」に硬直していたユヤを解きほぐすように、その腕を首から外しながらつぶやく宗盛の「すばらしい花見」は、先行する台詞を前提にしないと理解できない。「悲しみ」に囚われている美女でなければならないからこそ、嘘がバレたにもかかわらず放逐されなかった喜びを抑えがたいユヤに向かって、宗盛は注文をくり返す。

宗盛　君は行くには及ばないよ。
ユヤ　（次第に微笑をうかべる）さう。（ドアをうしろ手に閉める）……さう。
宗盛　さつきのやうに、そこのベッドに掛けておいで。（ユヤ言はれたとほりにする）さうだ。そして、さつきのやうに、悲しさうにしてゐるんだ。
（略）
宗盛　しばらく默つてゐないか。
ユヤ　ええ。
（――間。ユヤ、上着を脱ぎ、宗盛のそばへすり寄る）
（略）
宗盛　それにしても、さつきのやうに、もつと悲しさうな顔はできないのか。

母親の証言のとおり、北海道から戻ったら再び宗盛の世話になるつもりだったしたたかなユヤらしく、宗盛から許されるとすぐに切り替えてはしゃぎ出す。ユヤが脱いだ上着は冒頭のト書きに明記されているとおり「旅行服」であり、一時的であれ外の世界へ旅立とうとしていたユヤが暗示されていたものの、宗盛の手腕のままに再び彼の「絵の中に、塗りこめ」られることになる。その「絵」の構図はどうしても「悲しんでゐる」女でなければならないので、宗盛はその美意識によって明るくふるまうユヤを抑えるのである。

テクストを振り返ると、宗盛は「悲しんでゐる美しい女の、世に稀な花見」という言葉を語る前に、すでにそうした構図の絵を満喫しているのである。

（涙を拭つては読み進むユヤを、宗盛は葉巻をくはへてじつと[8]見つめてゐる。朝子がやがて宗盛のこんな態度に気づいて、そのはうをキッと見る）

朝子　どう？　宗盛さん。ユヤは泣いてゐる可愛いきれいな人形だわね。

（略）

宗盛　（朝子に）何を言ふんだ。（たのしげに）俺は同情して聴いてゐる。

演技とはいえ、泣きながら手紙を読むユヤに「悲し」みによって強化された「美」を見出し感動している宗盛は、ユヤと同じ境遇にいる朝子の格好の攻撃対象とされるのは必然である。策略によって

「悲し」みに淫した「美」ではあっても、宗盛のニヒリスティックな美意識からすれば、この上ない「すばらしい花見」だったに違いない。

ここで本論の最初に断った、舞台や演出に関しては黙秘を貫くという方針を破って一休み。六本木の地下にあった自由劇場の「上海バンスキング」のみならず、つかこうへい絶頂期から事務所解散後の故・三浦洋一の一人舞台まで、そして東大教養学部の寮食堂で公演していた初期の野田秀樹などを追っていた、往年の演劇ファンの興味が掻き立てられるからである。『近代能楽集』を舞台に乗せる時には、短篇のため二つの作品が同時に演じられることが多いようである。とすれば、「道成寺」と「熊野」を同じヒロインで演出するのも一つの方法ではないかと愚考する。似た構造の作品であるために能楽集の多面性は見せられなくても、二つの作品の連動性を見せる試みにはなるであろう。言うところは、箪笥の競売に参加した「紳士」の一人をパトロンにすべく向かった清子の、落ち着いた先が宗盛だったという設定である。ヒロインを同一にすれば、説明する必要もなく二幕の作品として享受する可能性が開けるというものである。

「邯鄲」

「邯鄲」(昭25)も「熊野」と同じく二項対立が見えにくい作品であるが、大局的に見れば「道成寺」を含めて〈閉塞〉する女に対する〈開放〉された男、という構図として読めるであろう。対立が見えにくいのは、これまでの五作品と異なり、閉じる側の求心力が弱く映るからである。閉じる女である菊のみならず、開かれた男である次郎の側でも、閉ざされてあることの苦悩を通過しておらず、実体験の裏付けを欠いて頭の中だけで人生の無常を先取りしているだけなので、その〈開放〉された在り方も薄っぺらなものに映る。だから「僕の人生はもう終つちやつたんだ」とくり返す次郎の方こそ、夢の中の「美女」に指摘されているとおり「自分の理屈に自分で酔つてる」とも見えてしまう。俊徳を連想させる次郎の方こそ〈閉塞〉していると受け取られてしまうのも、双方の側のインパクトが欠ける要因でもある。俊徳が級子に「僕はそんな女はきらひだ。」と言うように、次郎も「僕はちつとも君を好きぢやない。」と口をそろえるが、戦火を浴びてない次郎の軽さはいかんともしがたい。そもそも「十八ぐらゐのダブルの背広姿の少年」である次郎のアンバランスは、登場した時から滑稽な感じを否めない。

以上のように大局的に見るまでもなく、〈閉塞〉する力も〈開放〉の力も共に迫力を感じさせないので、作品が訴える力も他の作品に遠く及ばないと感じられる。字面を追うだけの読者は当然にしても、菊の元夫の存在を含めて、舞台で観ても観客を動かす力が伝わってこないと察せられる。喜劇だと思って観れば別の感慨が湧くであろうが、それはまた後ほどということにする。

ともあれこの元夫も位置づけしにくいものの、その在り方は次郎の台詞から読み取れよう。

菊　（床をとりつゝ）うちの庭は死んでをりますんですよ。花も咲かなけりや、実も結びません。

かうなつたのは、ずつと前からでございます。
次郎 ずつと前からつて、君の旦那様がここを出てつてからかい？
菊 よく御存知でございますこと。
次郎 僕は何でも知つてるのさ。でもこの話は本で読んだんぢやないんだぜ。僕ね、このごろ銀座でチャップリンの恰好をしたサンドヰッチマンと知り合ひになつたんだ。この人はね、独り者で、コーヒーを飲むことと活動を見ることとがたつた二つのたのしみなんだ。コーヒーと活動だけで十分仕合せになれる人なんだ。この人が話してくれたんだよ、その話。

（略）

次郎 チャップリンはかう云つてたぜ、あの枕で寝てちよつと夢を見ると、何もかもみんな馬鹿らしくなつちやふんだつてさ。そのあとで奥さんの顔を見るとね、こんな女と暮してゐるのはなぜだかわからなくなるんだつてさ。それですぐ家をとび出してしまふんだつて。

一杯の紅茶さえあれば他に何もいらないと断言して一人閉じこもった「地下生活者」（ドストエフスキー「地下生活者の手記」）と同列のような元夫は、社会的に見ればやはり〈閉塞〉した側の人間として位置づけることができよう。本人は満足していようが妻を捨てて勝手に自己完結しているだけであり、残してきた家の庭に「死」をもたらしたまま、取り残された妻を「じつとこのまま老い朽ちてゆくつもり」にさせた罪は軽くはあるまい。

　つまり元夫は菊とは別のもう一つの閉じ方をしているのであり、それまでの半生が「何もかもみんな馬鹿らしく」なって捨てたのは、その後の人生の先取りであるという点では次郎と五十歩百歩である。三人だけの登場人物ではあるものの、それぞれの位置づけが困難なゆえんである。次郎は元夫の生き方に関心は寄せるが、それを理想化（絶対化）はせずに別の道を歩もうとしている。だから夢の中の美女に向かって酒に「酔ふのはきらいだ」と言いながらも、結果的には「自分の理屈に酔つ」たまま菊と共に留まることになる。元夫をユングの言う〈実現しなかったもう一人の自分〉という意味の「自己の影」と呼んでも良かろう。菊が帰ることのない元夫の代わりに次郎と暮すのを喜んで受け容れるのも、次郎とその「影」である元夫が菊の中でも重なりやすいからである。

次郎　菊や、僕いろんな夢を見たよ。
菊　（不安にかられ、声をひそめて）やつぱり……
次郎　やつぱり、つて云つたつて、僕はすこしちがふんだ。人生つて思つたとほりだ。僕はちつともおどろきやしない。
菊　あなたさまももしや主人のやうに……
次郎　菊やはそのはうがいいんだらう。僕がさすらひの旅に出るはうが。
菊　………。
次郎　おあきらめよ。旦那様のこともあきらめなさい。僕はどこへも行きやあしない。だから君も僕について来るチャンスはないし、旦那様にあへるチャンスもないんだ。
菊　さう仰言つていただくと、却つて安心したやうな、力強い気持がしてまゐりますから、変ですこと。
次郎　菊や、それがほんたうだよ。つまり菊やは生きるんだよ。
菊　お坊ちやま、それではあなたさまだけは菊を見捨てずに、ここにずつとおいで下さいますか。
次郎　ゐるとも。ここにずつとゐるよ。ゐてもいいかい。

出て行った元夫の代わりのように、次郎が再現された幼時の部屋に留まることを告げた時に、菊も庭も解き放たれて生き返る。その点に限れば、次郎は紛れもなく〈解放〉の人であるに違いない。そこで幕は閉じられるので「大局的には」カタルシスを迎えるのであるが、菊と庭は〈解放〉されたものの当の次郎自身は解き放たれたのか、と問うと話は簡単ではない。菊や元夫とは異なり、枕の呪縛に囚われなかった次郎は自足しているであろうが、人生を観念的に先取りしたまま「思つたとほりだ」と決めつけている姿は、邯鄲の里の精霊が見抜いているように「生きながら死んでゐる」のと相違ないからである。

〈閉塞〉状態の菊に比べると〈解放〉されているように見えるものの、己れの思い込みの世界に閉じられている点では、「もう終つてしまつた世界に花が咲きだすのは怖ろしい」と言っていた俊徳と異なるところはない。俊徳の閉塞は級子によって解かれるものの、次郎の幼い自己完結を崩すものは提示されないままである。しかし口先（顕在意識）だけで人生を先取りしているかぎりは滑稽で済ませることができるが、人間存在をより根本的に決定づけているとされる夢（潜在意識）の中でさえも、欲望の挫折を知らぬままに欲望を切り捨てて見せる次郎の悟りは、危ういばかりで読者（観客）の不安を拭えない。夢の「美女」から「あら、慄へてる。あなたの手が、」とからかわれている次郎の手は、現実の世界に触れたことのない者のおののきが瞭然としている。他者を解放しながらも自らは閉じたまま、という不完全なカタルシスにこだわりを残す読者（観客）には、人生におけるインポテンツとしての次郎が自己防衛的に悟りを語って閉塞してしまう喜劇、という「理屈」で納得してもらうほかあるまい。外から見れば喜劇でも、当人からすれば悲劇となる普遍的なパラドックスは強調するまでもない。

「班女」

菊が次郎に向かって「待つといふことはつらいことでございますよ。」と語るので、その連想だけで次に「班女」（昭30）を取り上げたい。この作品を喜劇として読む斬新な論にも出会ったものの、[9]「邯鄲」と同列の喜劇とは思えない。もちろん一人の男を駅で待ち続ける「狂女」花子も、彼女を「擒にする」ことに夢中で常軌を逸した実子も、一度は捨てた花子を思い出して探し続ける吉雄も、一般常識からすれば喜劇的な存在ではある。しかし人間の言動はすべて見方しだいでは喜劇的であるとも言えるので、次郎を笑うようにはこの三者を笑うことはできない。次郎とは異なり、三者三様の真剣さが伝わってくるので素直には笑えない。笑えない喜劇とは言語矛盾であろう。「悲劇」だとする傑出した論もある。

この劇の結末は女二人の生活再開のハッピー・エンドであるよりは、むろん、花子が吉雄を拒否する悲劇であることのほうに重点がある。幕切れの台詞である実子の「すばらしい人生！」という言葉は、ハッピー・エンドそのものに対するアイロニーであり、逆に吉雄を拒否した劇の色合いをいっそう濃くしている。
（青海健『三島由紀夫の帰還』二〇〇〇）

「ハッピー・エンドそのものに対するアイロニー」とは言い得て妙で、アイロニーに満ちた三島由紀夫作品に目立った特徴を捉えているが、アイロニーを感じさせるのだから喜劇だとする向きがいると議論が元に戻るほかない。惜しまれつつ早逝したこの論者は、悲劇か喜劇かという二者択一に囚われぬ、別の観点から「班女」を見据えて我々を驚かす。

この劇の主題は、簡単に言えば、不在＝観念としての吉雄が現実存在としての吉雄に勝った、ということ、存在よりも不在＝観念のほうがはるかに「待つ」に値するのだ、という美学である。この構図は『サド侯爵夫人』のそれとほとんど同じであると言ってよい。『サド侯爵夫人』の真の主人公が不在のサド侯爵その人であるなら、『班女』の真の主人公は待ち望まれる存在としての不在の吉雄である。（略）実在の吉雄よりも不在の吉雄のほうがはるかに存在感に満ちあふれている。つまり、より実在的である、というアイロニー、すなわち観念自体が逆に実在と化する劇。（傍点原文）

「サド侯爵夫人」が三島戯曲の最高峰だと感じていながら、「班女」がその原型だとは指摘されるまで気付かなかった。己れのうかつさを恥じるばかりではあるが、全篇が五人の女によって語られ続けるサド侯爵その人ほど、吉雄は二人の女の語りの中で肉付けされてはいない。サド侯爵のように種々な像が提示されるものの本人は最後まで舞台に現れないというのとは逆に、吉雄は具体的な像が語られるまでもなく二人の眼前に現れてしまう。「真の主人公」とは呼びにくいと言わざるをえないが、青海氏がくり返す「アイロニー」には共感できる。「観念が実在と化する」とは強すぎる言い方であろうが、花子が「実在」の吉雄を認められないのは確かである。登場人物たちは別の言い方をしているものの、言わんとするところは青海氏の把握に重なる。

吉雄　何を言ふんだ。忘れたのかい？　僕を。
花子　いいえ、よく似てゐるわ。夢にまで見たお顔にそつくりだわ。でもちがふの。世界中の男の顔は死んでゐて、吉雄さんのお顔だけは生きてゐたの。あなたはちがふわ。あなたのお顔は死んでゐるんだもの。

（略）

花子　見てゐるのよ。あなたよりもつとしつかり見てゐるのよ。（実子に）実子さん、又私をだます気なのね。だましてむりやりに、旅へつれてゆくつもりなのね。こんな知らない人を呼んできて、吉雄さんなんて言はせたのね。待つことを、きのふも、けふも、あしたも、同じやうに待つことを、私に諦めさせようといふつもりなのね。……私は諦めないわ。もつと待つわ。もつともつと待つ力が私に残つてゐるわ。私は生きてゐるわ。死んだ人の顔はすぐわかるの。（第四場）

〈現実〉の吉雄という対象を排除した上で、「待つ」ことを純化して生きている花子の姿は、「近代能楽集」にあって目新しいものではない。例えば「綾の鼓」の岩吉を想起してみれば、花子ならぬ華子を美化しすぎて〈現実〉の華子を認めることができずに、己れを自死にまで追い込んでしまった岩吉の自己閉塞的な在り方に通じている。また、物語の必然に任せたとはいえ、相手が九十九歳の老婆だという〈現実〉から目をそむけ、妙齢の小町との恋に〈陶酔〉して死を受け容れて物語を完結させた「卒塔婆小町」の詩人も、花子と同類の存在といえよう。

斃れていった岩吉や詩人と異なり、花子は「私は生きてゐるわ」と言い張ってはいるが、本人の自覚を超えて、死んだ二人と同様に「観念」の世界に自己閉塞していることに変わりない。花子も、より多く実子も、その台詞はどこを引用しても、自身の世界に閉じることをくり返し強調しているだけである。

実子　私のねがつてゐるものは、あの人のねがつてゐるものと同じです。あの人は決して幸福をねがつたりはしてゐませんわ。
吉雄　（不敵な微笑）それではもし仮りに僕が、またあの人を不幸にするためにここへ来たのだとしたら……。
実子　あの人の不幸は美しくて、完全無欠です。誰もあの人の不幸に手出しをすることはできません。
（略）
実子　（略）私を愛するなんて、男として許せないことですわ。……ですから私は、夢みてゐた生活をはじめたんです。私以外の何かを心から愛してゐる人を私の擒《とりこ》にすること。どう？　私の望みのない愛を、私に代つて、世にも美しい姿で生きてくれる人。その人の愛が報いられないあひだは、その人の心は私の心なの。（第三場）

花子も実子も〈現実世界〉における「幸福」を願わずにいるということは、〈外〉の世界を捨てて〈内〉に閉じていることを意味する。整序化することができないほど豊かな現実の世界を捨てることは、外側から見ればこそ「不幸」に思えるものの、本人たちからすれば整然として「美しく」満たされた世界であることは否定しえない。「完全無欠」という実子の台詞は決して強弁ではなく、現実世界に関わることを断ち切って自分たちだけで充足し、自己完結していることを表明しているのである。

実子の言うとおり花子は一方的に「擒」にされているように見えるが、第二場で初登場した際の「厚化粧」の下には何が隠されているのか、いささか不気味ではある。第二場の花子に関わるト書きに注視すると、実子の言うことを「(きいてゐない)」がくり返されたり「(狂人の狡さもて)」ともあって、花子は必ずしも実子の言いなりになっているわけではなく、悪びれることもなく自己を通す法を身に付けているようにも見えてくる。実子に強要されるまでもなく、花子は「狂人の狡さ」を利用して、したたかに〈現実世界〉を拒絶しながら閉塞しているようでもある。

「葵上」

「葵上」(昭29)後半部のおどろおどろしさは舞台で観るのみならず、読むだけでも十分な迫力で感じられる。「ローエングリン」さながらヨットが「(白鳥のやうに悠々と進んで来て)」(ワーグナーをなぞらずにはいられない三島の面目躍如)、生霊の康子が光との過去を再現する展開も、また結末で現実の康子からの電話の声が響く中で葵が死んでいくという趣向も感心するばかりである。しかし光と看護婦との対話で構成されている前半はフロイディズムが滑稽なまでに俗流化されていて、二つの部分が木に竹を接ぐようで感興を殺いでいる。しいて前半部を読むとすれば、「大ブウルジョア」に見える康子の「性的抑圧」が高じて「リビドォの亡霊」となって葵を苦しめに来る、という位置づけになるであろうが、あまりに軽くて図式的にすぎ面白みに欠けている。

《『近代能楽集』の内では最も原作に近く、重層的な寓意の無い素直な作[10]》という評の通りであろうが、「葵上」を「情念の劇」とする山本健吉の卓論を紹介しつつ、これまでの本論の読み方を確認しておこう。

> 『卒塔婆小町』『葵上』など、すべて一人の登場人物のなかに、二重の状態、あるいは対応する二つの人格を設定して、成功している。
> たとえば『葵上』の登場人物は、実際は四人なのであるが、真の対立は、六条康子一人のなかに設定されている。（略）夢幻と現実、狂気と正気、過去と現在が、彼女の存在を通して、照し出されるのである。
>
> （「詩劇への一つの道」『近代文学鑑賞講座22　劇文学』一九五九、所収）

山本の言うとおり二項対立は康子自身の内部でもなされているが、光の存在あるいは彼が体現しているものを軽視すべきではあるまい。康子が「夢幻・狂気・過去」を生きることで自己閉塞しているとすれば、光は「現実・正気・現在」の側から康子に対処しているのである。「狂気」の康子が光と共にあった「過去」に執着しつつ、光の「現在」を崩壊させるという物語である。「狂気」という〈非日常〉の側が〈日常性〉に打ち克つという点では「班女」に似ているが、「葵上」における敗北は形の上では光にではなく葵にも現れ、それも殺人であるところが強烈である。

「狂気」とまで進んでいなくとも、〈非日常〉が〈日常性〉を抑えて暴走するタイプの作品としては先に上げた「憂国」や「英霊の声」（昭41）が上げられよう。この類の作品では〈日常性〉は抑えられたまま、ひたすら〈非日常〉的な論理が志向され支持されている。言い古された言葉でいえば〈自足的な歌〉というところであろうが、「歌」であるかぎり同調できなければ聞いていられないということになる。三島由紀夫に対する反発を生じさせている作品でもあるが、三島自身がこれらに登場する人物のようにドン・キホーテの道を選ぶことになる。[11] その時の三島由紀夫は、すでにセルヴァンテスに止まることに堪えられなくなっていたに違いない。

注

（1）谷原一人（関谷の筆名）「『金閣寺』への私的試み」（『まんどれいく』一九七二）、本書収録。『まんどれいく』は前橋高校同窓生の同人誌。

（2）磯田光一は『殉教の美学』（冬樹社、一九六四）で、出典を「太宰治について」と誤記している。ちなみに三島が崇敬していた小林秀雄にも、私小説的文学観に囚われている正宗白鳥を相手どった論争文の中に、似たフレーズが見出せる。《無論、ドストエフスキイは、「地下室の男」ではない。これを書いた人である。》（「思想と実生活」昭11、傍点原文）

（3）本書に収録した「三島由紀夫作品の〈二重性〉――「剣」・「殉教」・「孔雀」」は読み方における〈二重性〉の問題であり、本論は物語内容における二項対立の問題なので論点が異なる。ちなみに「殉教」と「孔雀」

は対立が解消されて終るパターンに入るであろう。

（4）『シドク　漱石から太宰まで』（洋々社、一九九六）所収の岡本綺堂論の初出題である「試読・岡本綺堂の作品――その自己実現の諸相」のとおり、上演とは無関係に戯曲を「試みに読む」ことの再現である。

（5）井久保茉優「三島由紀夫『弱法師』論」（『青銅』二〇一五）、『青銅』は東京学芸大学の近代文学ゼミの機関誌。

（6）佐藤秀明「『弱法師』『卒塔婆小町』の〈詩〉」（『三島由紀夫の文学』試論社、二〇〇九）

（7）平敷尚子「三島由紀夫『卒塔婆小町』」（『20世紀の戯曲Ⅱ　現代戯曲の展開』社会評論社、二〇〇二）

（8）旧仮名遣いを通した三島由紀夫のテクストからすれば「ぢつと」とあるべきだろうが、三島特有の仮名遣いとしてすべて「じつと」のままにした。

（9）赤星将史「三島由紀夫『班女』論――三者三様の喜劇の諸相」（『時の扉』二〇一四）。『時の扉』の発行は東京学芸大学石井正己研究室。

（10）『三島由紀夫事典』（勉誠出版、二〇〇〇）の「葵上」の項目、執筆は堂本正樹。

（11）三島の自裁の意味については、注（1）の論を参照されたい。

「金閣寺」への私的試み

1

その死よりも半年前に発行された『国文学』誌上で、三島は三好行雄氏と極めて興味深い対談を行っている。これは三好氏の的確な質問の仕方にもよるが、三島が已にあの死を念頭においているような発言が随所に見られる。

三好　自分に残されている可能性とか、そういうふうなものは……。

三島　全然、信じないですね。少しも早く死んだほうがいい。それはもう、源泉から遠ざかることですね、生きているということは。作者にとって、一番恐ろしいですね。

これを読んだ時、三島がまさか死のうとは誰しも思わなかったであろうが、彼の死の予兆は、その処女作の頃から感得されはすまいか。しばしば引用される『十五歳詩集』の「凶ごと」と題された詩にもこうある。

わたしは凶ごとを待っている
吉報は凶報だった
きょうも轢死人の額は黒く
わが血はどす赤く凍結した……。
（最終聯）

三島がある時点で変った、とはよく言われるが、三島自身は一貫して「凶ごと」を待ち続けたのであり、それが潜在化している時期と、明確に表現されている作品との差があるだけなのだ。最近「金閣寺」を読み返した私は、三島の死の予兆を思わせる旋律を随所に聞いた。私はそれについて語ろうと思う。

2

三島は、戦後社会を憎悪し、また戦後理念に対決しつつ生きたのであるが、「金閣寺」において、戦争及び戦後社会はどのように描かれているであろうか。

戦争、それは主人公にとって、絶対的存在の金閣と彼とを媒介するものであった。何故なら、戦火は彼を焼死させるだけでなく、金閣をも焼け滅ぼす可能性を秘めているからである。滅ぼすことにより全ての存在を相対化する戦火の下で、彼ははじめて金閣との共生感を得るのである。この時、現実の金閣は主人公の心象の金閣と一致し、美の象徴たり得ることになり、主人公の「美」という抽象的なものへの偏執は、金閣への偏執へと変る。

戦火によって共に滅びることによって得られた金閣との共生感という陶酔を破るものは、敗戦に他ならない。戦時下では「うつろいやすい美」として主人公を惑溺させた金閣は、八月十五日には、「敗戦の衝撃、民族的悲哀などというものから、金閣は超絶して」「堅固な美」に変化し、主人公は金閣との関係を絶たれた、と考える。

敗戦は私にとっては、こうした絶望の体験にほかならなかった。今も私の前には、八月十五日の焔のような夏の光りが見える。すべての価値が崩壊したと人は言うが、私の内にはその逆に、永遠が目ざめ、蘇り、その権利を主張した。（第三章）

三島はここで完全な肉声で語っている。周囲が、死の予感からの、精神的・肉体的痛苦からの、そして軍国主義からの「解放」に沸立っている時、三島の心中は、「焔のような夏の光り」に対比される虚脱感に領有されていた。そして「それは解放ではなかった。断じて解放ではなかった。」と念をおして、叫ばずにはいられなかったのである。この敗戦の衝撃が、三島の原体験を形作るのであるが、この間の心裡を彼は率直に語っている。

三島　おそらく、あとになっての感じでしょうけれども、「終りだ」と思っていたほうが、自分のほんとうの生き方で、「先があるんだぞ」という生き方は自分の生き方ではないんだ、という思いがずうっと続いていますね。いまだに続いています。

（前掲対談）

この対談で、三好氏が、三島における「明日がない」生き方の持続を「金閣寺」までに限ろうとしているのは、氏が「金閣寺」の小説的落ちを、あまりに素直に受けとったために陥った誤見であろう。

三島が、主人公の目を通して描く戦後への憎悪は、戦時に主人公（作者）の内に形成された価値観から戦後を裁く、というパターンで執拗に繰り返される。

次の二つの文は、同じ女を描写したものであるが、敗戦を境に描かれ方が一変する。

士官は深い暗い色の茶碗を捧げ持って、女の前へ膝行した。女は乳房を両手で揉むようにした。私はそれを見たとは云わないが、暗い茶碗の内側に泡立っている鶯いろの茶の中へ、白いあたたかい乳がほとばしり、滴たりを残して納まるさま、静寂な茶のおもてがこの白い乳に濁って泡立つさまを、眼前に見るようにありありと感じたのである。

男は茶碗をかかげ、そのふしぎな茶を飲み干した。

（第二章）

あの印象があまりに永く発酵したために、目前の乳房は、肉そのものであり、一個の物質にしかすぎなくなった。しかもそれは何事かを愬《うった》えかけ、誘いかける肉ではなかった。存在の味気ない証拠であり、生の全体から切り離されて、ただそこに露呈されてあるものであった。（第六章）

前者の、極度に官能的な描写は、主人公が金閣との共生感に酔っていた頃、垣間見た光景である。後者は、女が主人公に対してその光景を再現しようとするのであるが、すでに乳房は「誘いかける肉体」ではなくなり、金閣（今や主人公とは隔絶した存在となっている）へと変貌してしまう。この変質は、前者では主人公が証人（見る立場）に止まるのに対し、後者は参加しようとする点に由来することで意味を持つ。しかし、強調されなくてはならないのは、戦時下の光景では、絶対的存在との共生感があり（主人公にとっては金閣であり、三島にとっては天皇）、絶対という禁忌が存在するが故に、エロチシズムが成立し得たということである。タブーの存在により、かえってイマジネーションが生彩を帯びている前者に対し、「すめろぎは人となりたまひし」（「英霊の声」）戦後では、禁忌が消滅するのに呼応して、エロチシズムは生じてこないのである。したがって乳房が「生の全体から切り離され」てしまうように、主人公（三島）も「生の全体」を獲得できないのである。

総じて三島の作品には、海が憧憬をもって描かれ、「金閣寺」において、主人公にとって故郷の海は、パトスの源としての意味を付与されている。しかし、戦争が終って訪れた主人公の眼に映ずる舞鶴の海は、「海の匂いというよりは、無機質の、錆びた鉄のような匂いがしていた」「ここにはたしかに平和があり」、「多くの米国兵が往来していた」すなわち戦後が訪れてきたことによって、主人公の情念の源泉であった海までが近代化され「死んだ水面」を醜くさらしていた。三島がこのように海を描いた例は、他にまずあるまい。主人公は、由良まで行き「肌理の粗い、しじゅう怒気を含んでいる、あの苛立たしい裏日本の海」に接することにより、自らの源泉に触れ、漸く「金閣を焼かなければならぬ」という啓示を得るのである。

母を醜くしているのは、……それは希望だった。湿った淡紅色の、たえず痒みを与える、この世の何ものにも負けない、汚れた皮膚に巣喰っている頑固な皮癬のような希望、不治の希望であった。（第八章）

一般的には肯定的価値を持たされる「希望」が、このように「醜く」描かれるのは、三島が「希望」という言葉に、戦後の匂いをかぎとっているからである。戦争中は、共同体内における共生意識が支配的であった。そこに価値を見出す三島にしてみれば、個人的レベルでの「希望」は、エゴイズムという戦後理念に基づく故に、否定されねばならないのだ。

さらに、戦後知識人に代表されるような良識や教養も否定されねばならぬ。主人公は、ある日放火魔と覚しき学生の後をつけるが、学生は点けたマッチで煙草を喫うだけで、念入りに火のしまつをする。期待を裏切られた主人公は、火を管理しようとする学生の良識的行為に「文化的教養」を見出し、憎悪する。そもそも金閣を炎上させる可能性を秘めている火を管理しようとする文化的教養に、三島は作中わざわざカギ括弧まで付して、戦後知識人の虚妄を揶揄しているのである。

3

何か私の内に根本的に衝動が欠けているので、私は衝動の模倣をとりわけ好む。（第七章）

三島の自己分析が、主人公の口を通じて、極めて魅力に富んだ逆説として語られている。三島は、ここで自らの空白について語っている。思うに、根本的な衝動に身をまかせて行動するのは、青春と呼ばれる時代である。三島の青春時代は、ほぼ戦争期に一致しているが、このことは、彼に衝動の自然な発露を許さなかったことを意味しないであろうか。結果として、三島は現実との接点を奪われ、自らの内に閉塞することになり、現実への行為は常に「衝動の模倣」を媒介にしてしか成立し得ない、というロマンチストたらざるを得なくなる。また、三島における自己劇化や型（様式美）の追求も、この「衝動の模倣」という言葉から導かれるのである。こうした傾向は、主人公には、「この世のどこかに、まだ私自身の知らない使命が私を待っている」と思ったり、突然故郷へ出奔したり、また授業料として渡された金を遊郭で使い果たそうとする行為として現れる。後者の場合「とにかくここで、金を使うことが私の義務なんだ」という義務感にまで高じるが、こうした律儀さには、三島その人の、固定観念をストイックに守ろうとする面が覗かれる。ともかく、死に際してのあの自己劇化、辞世の歌・切腹・介錯という型への配慮等は、三島における「衝動の模倣」という衝動の根強さがよく現れていて興味深い。

4

常識で考えれば、割腹自殺など少なくとも四十を越した一人前の人間のすることではない。しかし、三島は、一貫して一人前の人間であろうとしなかった。三島は、成熟を拒否した人である。と言うよりも、自らの中の絶対志向によって、成熟を阻害されたのである。成熟は、何よりも自己を自己として成立させようとする、潔癖な意志を持ち続ける者には訪れない。自己の独自性を捨て、したがって相対化されることを受け入れるところに成熟はある。しかし、彼はその死まで、若年に描いた自己像へアイデンティファイし続けた。このような人間に、成熟が訪れることなどあろうはずがない。

私の体験には、積み重ねというものがなかった。積み重ねて地層をなし、山の形を作るような厚みがなかった。（第七章）

人は妥協という体験を積み重ねて成熟し、人生に参与して行く。体験の積み重ねがない以上、主人公が成熟と無縁であるのは言うまでもない。作品では、主人公は金閣の幻影によって人生に参与することを阻まれる。しかし、そうした客観的条件を待つまでもなく、成熟不能な主人公は、生の広がりを持てないことで必然的に人生から疎外されている。前節で触れたように、使命感を持ち続けるように自己劇化する傾向は、生な現実との触れあいを拒否するが故に、成熟への障害物となっている。

成熟はまた、母の懐からの自立であり、父の位置へアイデンティファイする意志を持つことから始まる。「金閣寺」に描かれる父は、父性をほぼ完璧に具現している。父親の「たとえようもないほど広大な掌」は、主人公に目隠しをして、母の不義を見ることを妨げる。しかし、彼は父の死に際し、涙ひとつこぼさぬことで「あの掌、世間で愛情と呼ぶもの」に対して復讐する。このことによって、彼は失われた父の位置に自己を置くことを拒むのである。

父のイメージとは逆に、母は常に醜く描かれる。「母に対しては、あの記憶（母の不義—筆者）を恕していないこととは別に、私はついぞ復讐を考えなかった。」と主人公は語るが、彼の行動は常に母の希望を裏切る方向へ進む。そもそも金閣を焼くことは、彼を鹿苑寺の後継ぎにしようとする母への復讐ではないか。母を醜くしている「希望」が、戦後理念を象徴するものであるならば、金閣を焼くことは、三島にとって戦後社会を焼け滅ぼすことを比喩したはずである。

5

三島（略）自己に不可避性を課したり、必然性を課したりするのは、なかば、作品の結果ですね。ですけれどもそういう結果は、ぼくはむしろ、自分の〝運命〟として甘受したほうがいいと思います。それを避けたりなんかするよりも、むしろ、自分で選んだことなんですから……生活が芸術の原理によって規制されれば、芸術家として、こんな本望はない。

（前掲対談）

この言葉を語った時、三島の胸中には、すでに割腹自殺のことがあったかどうかは解らぬが、「金閣寺」の三島からもあの行動の可能性は、十分うかがえた。それでは三島が「金閣寺」で憎悪した戦後社会、すなわち現代の社会とは、一体どのようなものか？　それは自己疎外という言葉が流行するように、自己が自己自身であろうとするのを妨げるようなダイナミズムと構造をもっている。したがって、アイデンティティを獲得することは不可能なのである。三島の言葉で言えば「現代社会は、そういう、源泉に帰ることを妨げるように、社会全体の力が働いている。」（前掲対談）ということになるが、これは例えば三島が接近した自衛隊そのものにも言えるのである。軍隊であるにもかかわらず、自衛隊は、近代的憲法によって「軍隊」というアイデンティティを獲得できずにいる。こうした自己の内外の状況は、常に三島を苛立たせ、駆りたてたに違いない。あのような行動で、三島が実質的な効果を期待していたとは考えられぬ以上、政治的側面からの批判は何ものも生まない。

「金閣寺」の終結部で、あとはマッチをするだけという段階まで準備した主人公が、極度な疲労感におそわれながらも、行動に踏み切って行く箇所を思い出すがいい。

とはいえ、心の一部は、これからの私のやるべきことが徒爾《とじ》だと執拗に告げてはいたが、私の力は無駄事を怖れなくなった。徒爾であるから、私はやるべきであった。（第十章）

つまり、認識によっても、また行動によっても世界を変えることはできないことを主人公（三島）は知悉していたのである。もっとも三島の関心は、世界を変えるところにはなく、彼は何よりも自らの源泉にアイデンティファイする衝動を、鎮めようがなかっただけである。「仮面の告白」の主人公が、常に自己のソドミズムを隠しながらも、最後に「彼の姿から目を離すことのできない」自分に、アイデンティティを獲得していたように。

金閣に放火して、主人公は究竟頂で死のうとするが、扉は開かない。これは、まさに主人公が美の象徴である金閣に、アイデンティファイすることを拒まれていることを意味し、したがって彼は火を逃れ、自殺用に用意したカルモチンと小刀を投げ捨てる。そして「生きようと思う」のであるが、自らの源泉へのアイデンティファイを諦めた者に、人生への参与が可能になり、日常生活の意識が復帰するのは当然である。小説の落ちとしては、こうした安易なヒューマニズムで逃れるのは常套であろうが、これは主人公（三島）が戦後社会を受け入れたことを意味し、こうした妥協は三島の本意から外れていたのは言うまでもない。「金閣寺」が発表された昭和三十一年から十四年後に、三島は割腹自殺で漸く自らの本意を遂げたのである。この時、彼は「金閣寺」で飲み忘れたカルモチンを仰ぎ、捨てたと見せ実は十数年間さらに磨きをかけた小刀で自らの義憤に満ちた腹部に突きたてたのである。

「三島よ、永遠に眠れ」とは言うまい。自らの「源泉」に執着を持ち続ける者の胸の中に、三島はいつまでも生き続けるのだから……。

《後書き》

最初に収録論文の初出事項（副題は略しつつ、雑誌名は新字体にして略名を利用した）と、簡単なコメントを付しておきたい。

太宰治

「太宰文学の特質」（『国語と国文学』二〇一二・四）

東京大学国語国文学会の求めに応じたもの。学会員の老化防止のための刺激として書かせてくれたものであろう。研究者だけに閉じることがなく、幅広い読者に《開かれた論》を意識して書いた姿勢が、本書全体の意向につながっている。研究者には苦い顔されても、一般の読者は楽しんでくれるものと期待している。しかし崇敬するインテリ研究者である渡邊正彦さんから、《他者・同一性・自己完結はなかなか重宝なアイテムと思われ》など過褒な言葉をいただいているので、意外に研究としてもイケテルのかもしれない。

ただし言語論的見地から言えば、大きな課題が残る。近年の村上春樹にも通底する〈同一化の連鎖〉は、日本語の特質であろうという予断が私にはある。〈外〉への広がりを持たぬまま求心的に〈内〉に向かうため、言語も文化も〈同一化〉が進むことになる。だとすれば漱石が「明暗」でこの連鎖を断ち切ることができたのは何故か？　志賀や太宰とは異なり、漱石が長年欧文脈になじんでいたために、日本語・日本文化との格闘の末に「明暗」の達成が果たせたのか？　後の章の安吾（や鷗外）にも深く関わる問題であり、検討し始めたところである。日本語という特殊言語にまといついているアポリア（難題）は私の手には余るものの、余生のボケ防止のためにも愚考を重ねていきたいと思っている。

「**『春の枯葉』**」（『太宰治研究』二〇〇六・六）

初出題は「『春の枯葉』精読」で、初出末尾に付したとおり東京学芸大学在職中に顧問をしていた自主ゼミ〈昭和文学ゼミ〉の夏合宿（宇都宮大学の卒業生も合流）における議論を吸収している。いつもストレートな感想を寄せて下さる鈴木啓子さんからの、《作品論の醍醐味を見せられた気がいたしました。会話の綾を読み解いていく手際はさすがで、ぐいぐい引き込まれました》という感想には、《コシの強い文体ならではの力業》という評価とともどもとても励まされた。

「**『如是我聞』**」（『解釈と鑑賞』一九九九・九）

「太宰治の謎」という特集号。当初は「二十世紀旗手」論を依頼されたものの、私には興味も論じる能力もない作品だったので、新進気鋭の大國眞希さんを推薦して代ってもらった。その代わりに執筆者が埋まっていなかった「如是我聞」論を書かせてもらったしだい。

四度に一回くらいはお断りしたかもしれないながら、至文堂からの依頼のお蔭で論文を書く習慣を持続できたのみならず、井伏鱒二を始め多くの作家や詩人と出会う機会を与えていただいた感謝の気持を、当時の至文堂各位にお伝えしたい。

＊

前著『シドク　漱石から太宰まで』（洋々社、一九九六）には以下の三本の作品論が収録されている。

「『ロマネスク』——〈無用の人〉たち」

「『女生徒』——〈アイデンティティ〉の不安」

「『桜桃』——揺れる〈人称〉」

『小林秀雄への試み』（洋々社、一九九四）にも次の太宰論が収録されている。

「二つの実朝像——小林秀雄と太宰治」

太宰治に関する論は、他に以下の四本がある。

「『苦悩の年鑑』」（『解釈と鑑賞』一九八八・六）

「太宰治——昭和20年〜23年」という特集号。論の冒頭を《つまらない作品である。》と始めているように、作品のレベルが低いと論じる意欲が殺がれるのが常である。打率の高い太宰にあって数少ない低調な仕上がりで、テクストの言葉に面白く読ませる力を感じないまま、《生身の作者のエッセイ》として読んだまでのもの。

「『富嶽百景』の読み方、教え方」（『現代文学史研究』二〇〇七・六）

初出に付したとおり、（故・中村三代司さんを介して）淑徳大学付属高校の先生方の研究集会における、講演と討議を踏まえたものである。テクスト末尾の「酸漿」の意味の解釈には新味があると思う。

「〈作家〉の痕跡　『右大臣実朝』と『吾妻鏡』」（『太宰治研究』二〇一三・六）

【作品とその生成要素】のシリーズとして、「吾妻鏡」との関連を論じるように依頼されたもの。単純に〈作品の生成〉を跡付けることよりも、原典との対照から新しい読みを探ったつもり。殊に公暁が他の登場人物に対してのみならず、テクストにとっても〈他者〉であるという読みが斬新か。

「『ダス・ゲマイネ』から」（『太宰治研究』二〇一七・六）

定年退職後に求められて書いたもの。二五号で終刊した年刊誌『太宰治研究』の記念と、太宰研究において育てていただいた恩を感じている故・山内祥史先生に対する謝意のために書いたもの。最初に《今さら「ダス・ゲマイネ」のテクスト分析をする必要性も感じないし、その意欲も無い。》と明言しているとおりで、「太宰文学の特質」を書いた頃から既に太宰研究の意欲を失っていた。「ダス・ゲマイネ」論なら安藤宏と松本和也両氏の論考で十分だとも考えていたので、敢えて今までの自分自身の読み方に反する書き方を選んだもの。《作中人物に当時太宰の周囲にいた実在の作家たちの姿》を読み取るという姿勢で読んでみた。事実に還元してしまう私小説読み方は認めない立場であるにもかかわらず、テクストから浮かび上げる檀一雄や山岸外史などの姿を楽しんでしまったというところである。

なお『太宰治大事典』（勉誠社、二〇〇五）では、「日本浪曼派」と「如是我聞」の項目を担当した。

坂口安吾

「安吾作品の構造」（『現代文学史研究』二〇〇四・一二）

自身の太宰研究が中だるみしていた頃に坂口安吾研究会に呼んでいただき、押野武志という逸物と出会って目覚めた思いで太宰や安吾を読み返した成果。安吾のテクストは「居心地が悪い」という把握に対しては、安吾研究者から少なからず共感の反応があった。

「何やらゆかし安吾と鷗外」（『坂口安吾　復興期の精神』双文社出版、二〇一三）

坂口安吾研究会の求めで書いたもの。表題のとおりで、求心的でないテクストの在り方を示す、安吾と鷗外との共通性に気付いて書きとめたもの。先行する数多くの「白痴」論に欠けている、緻密なテクスト分析を提示しえた手応えと、先行研究が乏しい「二流の人」のテクスト分析を初めてなしえた達成感を持てたもの。

＊

安吾論としては他に、

『イノチガケ』小論　安吾の書法」（『解釈と鑑賞』二〇〇六・一一）がある。「坂口安吾の魅力」という特集号。不十分な論考であることは自覚している上に、作品に魅力を覚えないまま、改めて書き直す気持も余裕もないので収録しなかった。右の「何やらゆかし安吾と鷗外」に少々引用してある。

檀一雄

「檀一雄の文学」（『解釈と鑑賞』二〇〇二・五）

「日本浪曼派とその周縁」という特集号で、「日本浪曼派の人々とその周辺」としての「檀一雄」（初出題）の項目。至文堂編集部のお蔭で檀一雄文学と出会うことができ、とりわけ感謝しているものである。初期の檀の作品には、三島由紀夫以上のロマンチシズムが紛々と匂ってくる感じに圧倒される。三島論者を始め、初期の檀文学を論じる人が少ないのは残念だ。

「『火宅の人』」（『解釈と鑑賞』二〇〇八・四）

「近代文学に描かれた性」という特集号で、初出題は「檀一雄『火宅の人』シドク」だった。檀一雄のテクストが十分に分析に価する、ということを証明しえた画期的な論だと自負している。しかし他の檀作品を論じたい気持がありながら、未だに果たせないままなのは吾ながら情けない。檀一雄が広く読まれ、批評家・研究者からも再評価されることを願ってやまない。

三島由紀夫

「三島由紀夫作品の〈二重性〉」（『現代文学史研究』二〇〇四・六）

初出題の「三島由紀夫小説の〈二重性〉」のとおりであるが、三島テクストがリアリズム・非リアリズムの両様に読める可能性を秘していることを明らかにしたもの。若き三島研究者から、「豊饒の海」など他の三島作品にも当てはまる着想として刺激を受けた旨の感想など、少なからぬ反響があった。

「『近代能楽集』の諸相」（『現代文学史研究』二〇一五・六）

退職後の論考で、初出題は「三島由紀夫作品の諸相――『近代能楽集』各篇の読み方」だった。著名すぎる作品であり先行論文も多数ありながら、十分なテクスト分析ができているものが見当たらなかった。副題の「各篇の読み方」という上から目線のもの言いは、そうした傾向を正した達成感に依拠している。などと大言壮語するのは、学部一年生の時に故・木邨雅文と二人で北海道三週間テント旅行をした際に、唯一携行した文庫が「近代能楽集」であり、大学の授業でもテクストを十分に《読む》ことができずにいたものが、退職後にやっと論じきれた喜びからである。

「『金閣寺』への私的試み」（『まんどれいく』一九七一＊谷原一人の筆名）

前橋高校の同級生・五十嵐昇君たちと、大学闘争が一段落した頃に出した同人誌に載せたもので、生涯最初の文学論考として記念のためのもあって収録させてもらったが、「近代能楽集」論や檀一雄論の補足にもなっている。表題は専門課程進学後に師事した故・三好行雄『作品論の試み』の影響が露骨ながらも、内容は三好師の「金閣寺」論のような精密を極めたテクスト分析とはまるで異なっている。本論だけは当時の雰囲気を残すために、まったく手を入れていない、引用も文庫のままである。

マネをしたという先人は思い浮かばないけれど、大学二年目の頃に読んでいたのは江藤淳が多かったろうと思う。とはいえ江藤淳の影も見当たらないながら、後に日本を代表するブレイク研究者となる都立大院生だった大熊昭信さんが、「達意の名文」と褒めてくれたものである。キー・ワードの「アイデンティティ」も流行以前だった頃で、時代を先取りした論点だと思う。

ずいぶん前に本論を三島研究の支柱の一人・佐藤秀明さんに送ったら、《三島論はこの論からどこまで進んでいるのか？》という過剰な褒め言葉をいただいた。当時編集中の「金閣寺」論集成（大空社）にも収録したい旨も洩らしてくれたものの、刊行された論文集から本論が洩れていたのはシュウメイの正常な判断であった。

＊

三島に関しては他に、

『三島由紀夫事典』（勉誠出版、二〇〇〇）の「剣」と「裸体と衣裳」の項目を担当しているが、「剣」については本書の「三島由紀夫作品の二重性」でも展開している。

定年退職記念などの名目で、既発表論文を何でも収録して読者に迷惑を強いている著書も少なくないようである。本書はその愚を避けるべく、作家も論文も自分の守備範囲で精選したつもりではある。はずした論の中にも水準を超えていると自負するものもありながら、読者が少ない作家である等の理由で収録を避けた。明治から昭和までの小説や批評についての論ながら、種々バラついているので関心のある人だけが読んでくれれば好いと思う。その中から十編を厳選して示せば以下のとおり。

数年前に発行停止となった『解釈と鑑賞』（至文堂）は大学図書館なら備えているであろうが、一般の読者のためには立川の日本文学資料館などに完備されていると思う。『現代文学』は国会図書館だけにしか寄贈されていないこともあり、お読みいただけるのなら請求に応じてそれぞれの論文コピーをお送りする気持ではいるものの、個人的情報である住所を明記できないのが残念だ。

「正宗白鳥論序章」（『現代文学』一九八〇・一二）
「『故旧忘れ得べき』【高見順】」（三好行雄編『日本の近代小説Ⅱ　作品論の現在』東京大学出版会、一九八六）
「試読・私読・恣読（Ⅲ）――『歌のわかれ』」（『現代文学』一九八八・六）
「試読・私読・恣読（Ⅵ）――小島信夫『小銃』」（『現代文学』一九九一・八）
「夏目漱石『行人』――〈二〉対〈一〉の物語」（『解釈と鑑賞』二〇〇一・三）
「志賀直哉『小僧の神様』精読」（『解釈と鑑賞』二〇〇三・八）
「服部達小論――吉本・江藤の先行者」（『解釈と鑑賞』二〇〇六・二）
「秋山駿――批評を可能にするもの」（『解釈と鑑賞』二〇〇六・六）
「山本有三『嵐』シドク――〈自分探し〉と〈犯人探し〉」（『解釈と鑑賞』二〇〇八・六）
「三浦哲郎『ユタとふしぎな仲間たち』」（『宇大論究』二〇一〇・三）

本書に収録された論の多くは学部・大学院の授業、あるいは自主ゼミや夏合宿における学生・卒業生たちとの間で〈読み〉の差異を楽しんだ成果でもある。例えば「火宅の人」論は、くり返し芥川賞を逸して最近は浦和で鍼灸院「豊泉堂」に情熱を賭けている松波太郎さんが、一橋大学の院生だった頃にレポーターだった彼との間で〈読み〉を競ったものである。先年《研究者は同時代の小説を論ずべきではない》という自らの禁を犯し、氏の『ホモサピエンスの瞬間』（文芸春秋）の書評を書かせてもらったけれど（『図書新聞』二〇一六・六・一八）、礼状に小説の読み方のみならず書き方においても院生時代の授業が役立っている、との世辞があった。その程度には社会人として成長しているのかと、教員根性を発揮して喜んでいる。

装丁してくれた金城孝祐さん（武蔵野美術大学修士課程修了）は、私が東京学芸大学在職中に顧問していた自主ゼミ「昭和文学ゼミ」を通じて知り合った画家であり演出家でもあり、小説や戯曲を書く作家でもあるという多才な人である（釣りは下手！）。私が小説よりも政治的発言に共感を覚える高橋源一郎さんに評価され、小説『教授と少女と錬金術師』（集英社）ですばる文学賞を受賞した有望作家ではあるが、今回は画家の才を発揮してもらうべく、装丁をお願いしたものである。

古稀を迎えて老い先を考えると、「生涯の秘密」を明かしておくべき時であろう。以下の論考は私以外の人が、私の名で書いてくれたものであることを告白する。

『太宰治事典』（学燈社、一九九五）中の「太宰治キーワード事典」における「自殺／心中」の項目

『日本文芸鑑賞事典　9』（ポプラ社、一九八八）中の「地獄の季節」の項目

太宰治の方は見開き二ページのものであるが、東京学芸大学で太宰治の修士論文を書いた北川秀人さんが全面的に代筆してくれたものである。もちろん編集責任者の東郷克美さんの許可を得た上での仕業であったが、忙中ながら幸い北川氏に助けられて責務を果たすことができた。

小林秀雄の方は七ページのもので、宇都宮大学在職中にリンパ腺のガンで入院していた時、ランボーに無知な私に向かって小林秀雄研究者の津久井秀一さんがレクチャーしてくれたものをまとめたものである。九割がたは津久井さんの手柄と言っても過言ではない、感謝あるのみ。

思えばこうした若い仲間たちに支えられながら、何とか古稀を迎えることができたわけである。いや若い人たちに限らない。在職中に出した前二著の校正は主に当時の学生が中心となって助力してくれたが、本書の校正は何と職場の大先輩である宮腰賢先生からお申し出をいただき、そのプロ並みの能力に頼らせていただけたのはありがたいかぎり。お蔭で百に近い誤記を正すことができて恥をかかずに済んだのみならず、各論に対して読み巧者の先生からいただいたご評価にも力づけられた。二重三重のご助力を思うと感涙止めどない。

宮腰先生をはじめ、お世話いただいた多くの人たちにこの感謝の気持が伝わることを願ってやまない。

本書はむかし友人が大変お世話になったのが機縁となった、旧知の加曽利達孝さんにお願いして鼎書房から出していただくことになった。本造りに関しては《開かれた書》にしたいという私のわがままを快く受け入れて下さり、前著『シドク』の小粒ながら中身の濃いものという方針にならいつつ、望みうるベストの形の本にしていただき感謝の念で心が落ち着かないままでいる。

実際の本造りの作業を独りで担当してくれた小川淳さんには、過剰なまでに面倒をおかけしてしまい死ぬまで足を向けて眠れない。他人の本のために時間と情熱を割いてくれる、編集者という存在の不可思議さを改めて感じている。

鼎書房のさらなる進展を願いつつ、今後とも名著出版のためには積極的な協力を惜しまない所存でいる。

関谷　一郎

二〇一九年八月　　ヒロシマの日に

索　引

○人名・作品名に限り、50 音順に掲げた。
○表題、副題に重なるものは省いたが、『近代能楽集』については収録作品を掲げた。
○（注）の人名・作品名は、原則として本文に現れないものに限った。

著者紹介

関谷一郎（せきや　いちろう）

前橋市出身、国立市在住。

東京大学文学部卒・大学院博士課程中退。都立上野忍岡高校定時制・宇都宮大学・東京学芸大学の教員を歴任、東京学芸大学名誉教授。

単著は『小林秀雄への私的試み』（洋々社）、『シドク　漱石から太宰まで』（同）。

桐原書店教科書編集委員。

太宰・安吾に檀・三島　シドクⅡ

発行日　2019年11月10日

著　者　関谷一郎

発行者　加曽利達孝

発行所　鼎　書　房
〒132-0031　東京都江戸川区松島2-17-2
電話・ファクス　03-3654-1064
URL　http://www.kanae-shobo.com

印　刷　シバサキロジー・TOP印刷

製本所　エイワ

ISBN978-4-907282-59-2 C0095